VICTORIA
sobre los
ESPÍRITUS MALIGNOS

FRANK MARZULLO

VICTORIA
sobre los
ESPÍRITUS
MALIGNOS

Traducción: Sally de Arias
Revisión técnica y estilo: Pablo Barreto, M.D.
Fotografías: © 2010 Ecoasis, Tischenko Irina, Veronica Vasilyuk
Usadas con la autorización de Shutterstock.com
Used under license from Shutterstock.com

Publicado y Distribuido por Editorial Desafío
Cra. 28ª No.64ª- 34
Bogotá, Colombia
Tel. (571) 630 0100
Email: desafio@editorialbuenasemilla.com
www.editorialdesafio.com

Categoría: Liberación/Sanidad Interior
Producto No. 496901
ISBN: 978-958-737-039-3

Impreso en Colombia
Printed in Colombia

Contenido

Contenido

1

Hay Victoria

Muchas personas tienen un problema que quieren sacar de su vida, algo que no pueden controlar. Han orado y ayunado, pero todavía no lo pueden vencer. Me refiero a un problema demoníaco.

En 2 Crónicas 20, vemos a los hijos de Dios con su rey Josafat rodeados por las naciones malignas de Moab y Amón. Las hijas de Lot, años atrás, había engañado a su padre, y cada una tuvo un hijo de él. Las naciones de Moab y Amón eran los descendientes de esos dos hijos. Este caso es la primera mención del incesto en la Biblia. Ahora, cuando ministramos liberación, ordenamos salir el espíritu de incesto, vamos también a la causa del incesto, y ordenamos salir los espíritus de Milcom, dios de Amón y Quemos, dios de Moab.

Cuando Josafat vio esta gran multitud que rodeaba a Judá, sintió temor. Este temor le impulsó hacer algo.

> "Entonces él tuvo temor; y Josafat humilló su rostro para consultar a Jehová, e hizo pregonar ayuno a todo Judá. Y se reunieron los de Judá para pedir socorro a Jehová; y también de todas las ciudades de Judá vinieron a pedir ayuda a Jehová. Entonces Josafat se puso en pie en la asamblea de Judá y de Jerusalén, en la casa de Jehová, delante del atrio nuevo; y dijo: Jehová

Dios de nuestros padres, ¿no eres tú Dios en los cielos, y tienes dominio sobre todos los reinos de las naciones? ¿No está en tu mano tal fuerza y poder, que no hay quien te resista? Dios nuestro, ¿no echaste tú los moradores de esta tierra delante de tu pueblo Israel, y la diste a la descendencia de Abraham tu amigo para siempre? Y ellos han habitado en ella, y te han edificado en ella santuario a tu nombre, diciendo: Si mal viniere sobre nosotros, o espada de castigo, o pestilencia, o hambre, nos presentaremos delante de esta casa, y delante de ti (porque tu nombre está en esta casa), y a causa de nuestras tribulaciones clamaremos a ti, y tú nos oirás y salvarás" (2 Crónicas 20:3-9).

¿Qué hacía Josafat? Recordaba a Dios Padre Sus promesas a Israel, Su pueblo escogido. En efecto, palabras más, palabras menos dijo: "venimos a Ti porque eres nuestro Padre".

Nosotros somos los hijos de Dios. Declárelo. Dígalo en voz alta ahora: "Yo soy hijo (hija) del Dios viviente". Puede decirle a otra persona: "tú y yo somos hijos de Dios. Somos realeza. Sí; mi Padre es Rey, soy hijo de un Rey". Proclámelo, en voz alta, usando su nombre "Rey tal," o "Reina tal". Declare quién es, y hágalo saber también al diablo. Así, por ejemplo, digo: "Soy el Rey Frank; mi Padre es el Rey de reyes. ¡En el nombre de Jesús, quite sus manos de mí".

Tenemos un enemigo grande, el enemigo de nuestra alma, el diablo o Satanás. Tal como Josafat habló al Señor sobre su problema, nosotros también podemos orar, y recordar quiénes somos en Cristo y recordar a nuestro Padre Dios sus promesas, como hizo Josafat.

"Padre, dices en tu Palabra que todos los que reciben a Jesucristo como Señor y Salvador son tus hijos. Ahora proclamo que Jesucristo es mi Señor y Salvador. El murió en la cruz por mis pecados y al tercer día resucitó de los muertos. Me arrepiento de todos mis pecados. Gracias, Jesús, por perdonarme y por morir en la cruz por mí. Al haber confesado así, Padre Dios, soy tu hijo. Y como hijo, tengo ciertos derechos. Tengo el derecho de llegar a tu trono de gracia porque eres mi Padre. Tengo el derecho de recibir tu poder contra las obras de Satanás".

"Tu Palabra declara que mayor es el que está en mí que el que está en el mundo y que somos más que vencedores por medio de Jesucristo, que vive en nosotros por el poder del Espíritu Santo".

"Padre Celestial, enviaste al Señor Jesús para destruir las obras del diablo. En la Biblia encontramos estas palabras de Jesús: *'En mi nombre echarán fuera demonios'* (Marcos 16:17) y *'He aquí os doy potestad de hollar serpientes y escorpiones, y sobre toda fuerza del enemigo, y nada os dañará'* (Lucas 10:19). Gracias Padre, por todas las promesas de tu Palabra. Las reclamo todas en el nombre precioso de Jesús".

Ahora, vamos a dirigirnos al diablo. Está bien hablar al diablo cuando sabemos quiénes somos, y qué poder y autoridad tenemos en Jesús:

"Ya has oído la palabra de Dios, Satanás. Eres un enemigo vencido; perdiste cuando Jesús murió en la cruz por mis pecados, y derramó Su sangre por mí. He ganado la victoria por medio del Señor Jesucristo. Entonces, no tienes derecho de afligirme a mí, a mi familia, o a mis seres queridos de ninguna manera. Mi cuerpo es templo del Espíritu Santo. He sido comprado por la sangre del Cordero. En el nombre de Jesús, tú y tus demonios tienen que salir de este templo, que es propiedad del Señor Jesucristo. Voy a pelear contra ti y tus demonios, en el nombre de mi Señor y Salvador, Jesucristo, el Hijo del Dios viviente, mi Hermano y mi Rey".

Ahora, me cubro con la sangre de Jesús de pies a cabeza. Pongo alrededor mío un círculo con la sangre de Jesús. Ahora, como soldado de Jesucristo, me visto para la batalla, me pongo toda la armadura de Dios: el yelmo de la salvación, la coraza de la justicia, ciño mis lomos con la verdad; mis pies están calzados con el apresto del evangelio de la paz, tomo el escudo de la fe, con que puedo apagar todos los dardos de fuego del enemigo y tomo la espada del Espíritu, que es la Palabra de Dios como dice Pablo en Efesios 6:13-17.

Ahora, estamos listos para la batalla. ¿Dónde empezará la guerra?

PREPARACION PARA LA GUERRA

> "Porque no tenemos lucha contra sangre y carne, sino contra principados, contra potestades, contra los gobernadores de las tinieblas de este siglo, contra huestes espirituales de maldad en las regiones celestes" (Efesios 6:12).

Primero, empezamos a hacer guerra espiritual contra la autoridad que está sobre el área donde estamos. En este versículo, Pablo habla de maldad espiritual en los lugares celestes. También dijo en 2 Corintios 12:2-4 que conoció un hombre que fue al tercer cielo. Ahora bien, si hay un tercer cielo, debe haber un segundo cielo y un primer cielo.

Al observar las estrellas, la luna, el sol, y las nubes, vemos el primer cielo. Pablo estuvo donde vive Dios Padre, que es el tercer cielo. Entre el primer cielo que podemos ver y el tercer cielo que visitó Pablo, hay un segundo cielo. Desde allí, Satanás hace guerra espiritual contra los santos de Dios. Tiene principados malignos y poderes que influyen a las naciones, las ciudades, las iglesias, los hogares, y los individuos.

Vemos un ejemplo de guerra espiritual en Daniel 10:10-14. Daniel era un santo de Dios como nosotros. Daniel fue un hombre de oración. De hecho, tuvo problemas por eso. Una vez, lo arrojaron al foso de los leones porque oraba. Daniel oraba, y sus oraciones llegaban al tercer cielo.

Dios Padre oyó sus oraciones en el tercer cielo, y envió el ángel Gabriel, uno de sus ángeles mensajeros, como respuesta a las oraciones de Daniel. Los ángeles son espíritus ministradores puestos por Dios para ministrar a los herederos de la salvación (Hebreos 1:14) (Gabriel también fue enviado por Dios para anunciar a María que iba a ser la madre del Mesías, nuestro Señor Jesús).

El ángel Gabriel salió del tercer cielo y, al llegar al segundo cielo, se enfrentó con un impedimento. Encontró al príncipe maligno que el diablo había establecido sobre Persia. Después de batallar con este príncipe, al fin llegó a Daniel, su destino.

> "Y me dijo: Daniel, varón muy amado, está atento a las palabras que te hablaré, y ponte en pie; porque a ti he sido enviado ahora. Mientras hablaba esto conmigo, me puse en pie temblando. Entonces me dijo: Daniel, no temas; porque desde el primer día que dispusiste tu corazón a entender y a humillarte en la presencia de tu Dios, fueron oídas tus palabras; y a causa de tus palabras yo he venido. Mas el príncipe del reino de Persia se me opuso durante veintiún días; pero he aquí Miguel, uno de los principales príncipes, vino para ayudarme, y quedé allí con los reyes de Persia. He venido para hacerte saber lo que ha de venir a tu pueblo en los postreros días; porque la visión es para esos días" (Daniel 10:11-14).

En otras palabras, tuvo lugar una guerra espiritual en el segundo cielo entre Daniel y los príncipes malignos asignados por Satanás sobre el reino de Persia. Gabriel peleó contra estas huestes malignas por 21 días, hasta que Miguel, el arcángel, vino a ayudar. Así, Gabriel fue liberado para llevar a Daniel la respuesta de sus oraciones.

Muchas veces, a nuestras oraciones también se las estorba. ¿Cuántas veces ha orado, y no ha recibido respuesta? Es muy posible que haya habido guerra espiritual en el segundo cielo con los ángeles encargados de llevarle la respuesta. Tenemos que seguir la guerra espiritual contra los espíritus que estorban en el segundo cielo. Nuestras oraciones ayudan a los ángeles en la lucha. Por ejemplo, podemos decir así:

"Ustedes que están en el segundo cielo y estorban las respuestas a mis oraciones, ato su poder en el nombre de Jesús. Ordeno que queden sin poder, en el nombre de Jesús. Ustedes en el segundo cielo que empujan a miembros de mi familia a pecados sexuales o a usar drogas, ato su poder en el nombre de Jesús. Ordeno que suelten a Fulano o a Fulana, ahora mismo, en el nombre de Jesús".

La primera vez que mi esposa y yo fuimos invitados a ir a Cali, Colombia, hace algunos años, empezamos a hacer guerra espiritual durante algunos meses antes de ir. Un día, mientras oraba por nuestro viaje, vi cuatro figuras en mi mente. Eran verdes y como de siete metros de altura. Me miraban con odio. Oí la voz del Señor que me decía: "No temas, porque te he dado la victoria sobre ellos". Pregunté al Señor: "¿Quiénes son?" Dijo: "Son los príncipes que mandan sobre Cali, y se llaman incesto y lujuria, corrupción política, espiritismo, y error religioso. Pero ahora están sin poder".

Nosotros orábamos en los Estados Unidos, mientras la iglesia en Cali también oraba y ayunaba por la victoria. ¡Gloria a Dios! pues pudimos establecer allí en Cali, Colombia, un ministerio de liberación y sanidad.

HACER GUERRA

Si quiere ganar su ciudad, su iglesia, su hogar, su negocio, para Jesús, hay que empezar aquí. En el nombre de Jesús, hay que atar el poder de los espíritus que Satanás ha asignado a fin de que gobiernen sobre estas áreas en particular. Aquí hay un ejemplo de cómo proceder. Párese y mire hacia el norte, señale el cielo del norte y diga:

"Ustedes, los principados malignos del norte, ato su poder; ordeno que queden impotentes. No estorbarán que yo reciba liberación y sanidad este día y esta semana, en el nombre de Jesús".

Ahora, repita la misma oración de guerra espiritual contra el sur, el occidente, y el oriente. Después, señale hacia arriba y diga:

"En el nombre de Jesús, vengo contra los espíritus que pretenden regir mi ciudad, mi hogar, mi lugar de trabajo, y mi iglesia. En particular, vengo contra los espíritus que el diablo ha asignado contra mí y mis allegados".

Usted sabe lo que anda mal con su familia, con su esposo, su hijo, su hija. Haga guerra espiritual contra los espíritus que llevan a sus seres queridos a buscar droga, alcohol, nicotina, fornicación, adulterio, y ocultismo. Ordene que estos espíritus queden atados y sin poder, en el nombre de Jesús. Ate en el nombre de Jesús los espíritus de enfermedad, divorcio, pobreza, adivinación y cualquier otro espíritu que piense que le pueda afligir desde el segundo cielo.

Tal como Jesús es el Comandante en jefe de los ejércitos de Dios, Satanás es el comandante de sus ejércitos. Pero Satanás no era siempre el enemigo. Antes era el ángel más brillante y hermoso en el cielo. Pero por su hermosura e inteligencia, quiso ser adorado como Dios.

> "¡Cómo caíste del cielo, oh Lucero, hijo de la mañana! Cortado fuiste por tierra, tú que debilitabas a las naciones. Tú que decías en tu corazón: subiré al cielo; en lo alto, junto con las estrellas de Dios, levantaré mi trono, y en el monte del testimonio me sentaré, a los lados del norte; sobre las alturas de las nubes subiré, y seré semejante al Altísimo. Mas tú derribado eres hasta el Seol, a los lados del abismo" (Isaías 14: 12-15).

El diablo todavía busca la adoración. Y cuando hacemos nuestra propia voluntad, en lugar de obedecer a Dios, estamos en peligro de adorar al diablo. Cuando leemos el horóscopo, o buscamos la adivina-

ción, o nos comprometemos en cualquier tipo de
ocultismo, adoramos al diablo. Aun si hicimos estas
cosas solamente por divertirnos, entramos en el terreno de Satanás, y cometemos adulterio espiritual.

Es posible que haya renunciado a su compromiso
con el ocultismo; renunciar y echar fuera son dos
cosas distintas. Los espíritus que entraron cuando
hizo estas cosas tienen que ser echados fuera. Jesús
echó fuera demonios, y tenemos que hacer lo que
Jesús hacía. Jesús no sólo nos dio palabra de profecía, sino también mandamiento:

> "Y estas señales seguirán a los que creen: En Mi
> nombre echarán fuera demonios; hablarán nue-
> vas lenguas; tomarán en las manos serpientes,
> y si bebieren cosa mortífera, no les hará daño;
> sobre los enfermos pondrán sus manos, y sana-
> rán" (Marcos 16:17-18).

Si usted es un hijo de Dios, es decir, un creyente,
hará lo que Jesús hacía. El echó fuera demonios, y
oró por los enfermos. Las señales y los prodigios le
seguían por donde iba. Le seguirán a usted también.
Jesús hacía Sus obras en el mercado, en la calle, en
la sinagoga, y aun en el cementerio. Por donde fuera,
hacía liberación, sanidades y restauraba la vida.
Jesús vino a destruir las obras del diablo (1 Juan
3:8).

¿COMO ENTRAN LOS DEMONIOS EN NOSOTROS?

Principalmente entran cuando desobedecemos la
Palabra de Dios. El pecado abre la puerta para la
entrada de muchos demonios. Hay algunas cosas
que muchos no consideran pecado; por ejemplo, leer
el horóscopo, no perdonar, o guardar rencor. ¿Sabe
que si no perdona, será como los que Dios Padre
permite que sean atormentados por demonios, como
leemos en Mateo 18:34-35?

Recuerdo muy bien una señora que vino a pedir
oración en un servicio de sanidad. Le ordené que se
sentara en una silla. Cuando le puse la mano en la

frente, cayó al suelo, llorando por el dolor. Parecía
que entre más oraba por ella, más dolor sentía.
Entonces me vino una palabra del Señor, y le dije:
"Hermana, debe perdonar a su esposo. Hay en usted
una raíz de amargura que causa este dolor, y a menos
que perdone, el dolor permanecerá y aun puede
aumentar".

Contestó: "Pero usted no sabe lo que me hizo". Le
dije: "sin embargo, lo tiene que perdonar".

Cuando usted no quiere perdonar, con su actitud
dice al Señor: "Jesús, Tú perdonaste a todos los seres
humanos cuando diste Tu vida en la cruz, aun a los
que te clavaron Tus manos y Tus pies. Pero soy mejor
que Tú; no perdonaré". Al proceder así, se hace un
pequeño dios, mejor que Jesús, y esto es un acto de
egolatría (idolatría de sí mismo). Como consecuencia,
se abre una puerta para la entrada de demonios a la
vida.

Cuando un demonio entra, al final afectará a toda
la familia. En este caso, la falta de perdón llevó
resentimiento, odio, amargura y venganza. Así entran los demonios, por medio de algo que hacemos o
dejamos de hacer por no seguir la palabra de Dios.

Bueno, la señora de quien hablé arriba por fin
perdonó a su esposo, y eché fuera todos los demonios. Cuando oré después por su sanidad, se levantó
con una gran sonrisa en el rostro. Parecía haber
perdido diez años de edad. Se quitó los anteojos, y
con asombro declaró: "¡Puedo ver sin las gafas!"
Gloria al Dios viviente.

LOS DEMONIOS PUEDEN ENTRAR
DE OTRAS MANERAS

En el vientre antes de nacer. Por medio del
rechazo, como en el caso del hombre cuyo padre le
dijo: "Ojalá nunca hubieras nacido". Hay también el
caso de la madre que no quería estar en embarazo,
porque estaba en adulterio. Asimismo existen muchas otras razones por las cuales algunas señoras no

quieren tener más familia, y a causa de ese rechazo el espíritu puede entrar en el bebé mientras aún está en el vientre materno. Una prueba de que un bebé antes de nacer puede sentir lo que pasa a su alrededor se lee en Lucas 1:39-44. El niño, Juan el Bautista, saltó de gozo en el vientre de Elizabet, al oír el saludo de María.

Por las palabras de la boca. Por ejemplo, una señora joven había dicho: "No importa lo que me cueste, quiero a ese hombre". Quedó atrapada en las palabras de su boca, y el dios de este mundo le dio los deseos de su corazón. A la vez, el espíritu de avaricia (que es idolaría) entró en ella, y vivía bajo el tormento por los espíritus, hasta cuando se le expulsaron. *"Te has enlazado con las palabras de tu boca"* (Proverbios 6:2). Los demonios pueden recibir una asignación por medio de palabras habladas.

Por pecados de sus antecesores. *"No te inclinarás a ellas* (las imágenes), *ni las honrarás; porque yo soy Jehová tu Dios, fuerte, celoso, que visito la maldad de los padres sobre los hijos hasta la tercera y cuarta generación de los que me aborrecen"* (Exodo 20:5). Estudie también Exodo 34:7. Aun antes de nacer, estuvimos en los lomos de nuestros padres. Los espíritus malos pueden pasar de generación en generación. Cuando vemos algo como cáncer o enfermedad cardíaca u otro problema en generación tras generación, busquemos la maldición que puede existir en el linaje de sangre. Entonces se ordena salir, en el nombre de Jesús, a los espíritus que vinieron por medio de una herencia de maldición. Las personas se sanan y quedan liberadas.

Por usar amuletos, símbolos de ocultismo, o en algunos casos, símbolos religiosos. El diablo tiene derecho de visitar a los que usan sus símbolos, ya sea puestos en el cuerpo o cuando cuelgan en las paredes del hogar.

"El entregará sus reyes en tu mano, y tú destruirás el nombre de ellos de debajo del cielo; nadie

te hará frente hasta que los destruyas. Las escul-
turas de sus dioses quemarás en el fuego; no
codiciarás plata ni oro de ellas para tomarlo para
ti, para que no tropieces en ello, pues es abominación a Jehová tu Dios; y no traerás cosa
abominable a tu casa, para que no seas anatema; del todo la aborrecerás y la abominarás,
porque es anatema" (Deuteronomio 7:24-26).

Muchas veces preguntamos a las personas por
qué usan la cruz u otro objeto alrededor del cuello.
Si contestan: "para protegerme", entonces les expli-
camos que eso se les ha convertido en un amuleto.
En cambio, Apocalipsis 12:11 nos dice que somos
protegidos por la sangre del Cordero, y por la palabra
de nuestro testimonio.

¿COMO SALEN LOS DEMONIOS?

"Pero había en la sinagoga de ellos un hombre
con espíritu inmundo, que dio voces, diciendo:
¡Ah! ¿qué tienes con nosotros, Jesús nazareno?
¿Has venido para destruirnos? Sé quien eres, el
Santo de Dios. Pero Jesús le reprendió, diciendo: ¡Cállate, y sal de él! Y el espíritu inmundo,
sacudiéndole con violencia, y clamando a gran
voz, salió de él" (Marcos 1:23-26).

Notemos que había un hombre bajo el poder de
un demonio en la sinagoga (iglesia). Si la persona que
tiene demonios va a la iglesia, los demonios van con
ella. Jesús habló a un hombre, pero la respuesta fue
en plural. En efecto, dijo: "...¿qué tienes con nosotros?..". y "...destruirnos..".. Eso quiere decir que
había más de un solo demonio en ese hombre. Pero
Jesús le ordenó hacer silencio y salir de él. Entonces,
el espíritu lo sacudió, dio una gran voz, y salió. Esto
indica que hubo una lucha dentro del hombre. Los
espíritus no querían salir, y resistieron. Habían estado dentro de esa "casa" por mucho tiempo, y la
consideraban su domicilio. Estaban cómodos allí,
pero por fin salieron ante la orden de Jesús.

Para recibir liberación, el uso de la voluntad es

clave. Usted tiene que desear ser liberado, y cooperar en forma enérgica y activa, para que se pueda ordenar la salida de los espíritus malignos. En una liberación masiva, es bueno repetir las palabras del ministro cuando él ordena a los demonios salir en el nombre de Jesús.

No puede existir ningún arreglo con los demonios. Hay que desear que todos salgan. Hay personas que quieren hacer tratos con Satanás o con sus espíritus. Están listas a entregarle todo a Jesús menos aquella partecita que todavía se goza con la lectura de cuentos sobre el sexo. Guardan las revistas pornográficas debajo del colchón, o en secreto siguen fumando marihuana, o esconden una botella en un rincón del closet. Dicen que no hacen mal a nadie. Pero no están dispuestas a pagar el precio por la perla de gran valor, y entregarlo todo para agradar a Jesús.

Usted tiene que anhelar lo que desea Jesús, y aborrecer el pecado, a Satanás y a los demonios que entraron con él. Dios dice que debemos ser santos como El es santo. Para esto es indispensable un esfuerzo de la voluntad.

Lo primero que vamos a hacer es recibir la liberación, y después vamos a invitar al Espíritu Santo para que entre y tome el lugar donde estaban los demonios que salieron. El Espíritu Santo nos puede limpiar, purificar, motivar, y obrar a través nuestro, para que se pueda decir de nosotros que somos "hijos de Dios, en quienes el Padre tiene complacencia".

La Biblia dice que los demonios salieron dando "gran voz". Cuando uno usa una voz fuerte, expulsa mucho aliento. No puede uno gritar sin usar mucho aliento. Ensaye un grito sin usar el aliento –es imposible. Cuando ordena salir los demonios, muchas veces salen cuando usted exhala. En el griego, la palabra para espíritu y para aliento es la misma: "pneuma". Entonces, podemos ordenar salir a los demonios en el nombre de Jesús, en el aliento, sea por toser, eructar, estornudar, bostezar o suspirar.

No toleramos voces fuertes ni gritos. Ordenamos que los demonios salgan en forma tranquila y callada en el nombre de Jesús, porque nos ha sido dada autoridad sobre todo poder del enemigo en el nombre de Jesús, y nada nos dañará (Lucas 10:19).

En liberación congregacional, aninamos a todos para que digan las mismas palabras juntos. Esto tiene como objeto la protección de cada uno. Es verdad que no tenemos todos los mismos espíritus, pero cuando todos repiten al unísono, nadie puede saber lo que sale de cada quién.

Puede ser también que una persona dice: "no tengo ese espíritu que está nombrando". Pero le digo que lo repita de todos modos. Puede ser que el espíritu en este caso está como latente, y espera que el diablo lo active. Pido a todos que cooperen. Como la medicina preventiva, la toma por si de pronto existe el problema.

Algunos espíritus entran cuando uno es un niño pequeño. Algunos espíritus están "dormidos" hasta años más tarde, cuando el diablo los hace manifestarse. ¿Alguna vez ha visto un niño con una imaginación demasiado activa? A veces los niños hablan con un amigo imaginario, y tienen una conversación con él como si fuera visible. Hablan a sus muñecas, a sus juguetes, o a sus animales como a personas reales. En algunos casos, los niños en realidad ven y hablan con un espíritu familiar, que más adelante en su vida utilizará el diablo para destruirlos.

Si nombro un espíritu de adulterio, es posible que diga que nunca ha sido adúltero. Pero si ha leído alguna vez un horóscopo, o ha consultado un médium, o ha buscado que le leyeran la palma de la mano o que le adivinaran el futuro, ha cometido adulterio espiritual. Y Jesús dijo que si uno mira a una mujer con lujuria en el corazón, ha cometido adulterio.

LA LIBERACION

¿Está listo para echar fuera algunos demonios? Ya declaramos que Jesucristo es nuestro Señor y Salvador. Esta declaración es muy importante, porque necesitamos al Salvador en nuestro interior para poder resistir los ataques del enemigo, después de haberlo expulsado a fin de mantener nuestra liberación.

También, es necesario haber perdonado a todos los que le han ofendido, antes de seguir con la liberación. Repita esta oración:

Oración para perdonar a otros

"Señor, confieso que otros, durante mi vida, me han ofendido y herido, y que he guardado resentimiento en mi corazón contra ellos. Perdóname. Ahora, en obediencia a Tu mandamiento, perdono a **cada** persona, viva o muerta, que me haya ofendido o herido de alguna manera (nombre a cada persona contra quien haya tenido ira o resentimiento). Te pido, Señor, que los perdones también. Y como me has perdonado, también me perdono a mí mismo, y me acepto tal como soy, en el nombre de Jesús".

Ahora, ya está listo para empezar a echar fuera los demonios.

Ruptura de las maldiciones de dominio

"En el nombre de Jesús, ahora renuncio, rompo, y me desligo de todo dominio demoníaco por parte de mi mamá, papá, abuelos, u otra persona, viva o muerta, que me haya dominado en alguna forma. Ordeno que salgan de mí todo espíritu de dominio, manipulación, Jezabel, Acab, y todos los espíritus afines, en el nombre de Jesús". Respire profundo, exhale, y hágalo otra vez. Puede aun toser algunas veces. Puede ser que empiece tosiendo voluntariamente, pero quizá termine con tos involuntaria, mientras el demonio sale.

Liberación de herencia de enfermedades psíquicas y sus ataduras

"En el nombre de Jesucristo, ahora renuncio, rompo, y me desligo a mí mismo y a mis hijos de todo poder

y atadura de enfermedades mentales y físicas puestas
sobre mí o mi familia como resultado del compromiso
de mis padres o antepasados en el ocultismo. Ordeno
que salgan de mí en el nombre de Jesús todos los
espíritus de poderes psíquicos, afecciones mentales,
esquizofrenia, paranoia, doble ánimo, senilidad, locura, y todos los demás espíritus afines". Respire profundo y exhale.

Ruptura de todas las maldiciones heredadas

"En el nombre de Jesucristo, ahora renuncio, rompo,
y me desligo a mí mismo y a mis hijos de toda
maldición heredada desde diez generaciones atrás, y
de mi país de origen. Rompo el poder de estas maldiciones en el nombre de Jesús. Ordeno que salgan de
mí todos los espíritus que entraron en mí y en mi linaje
sanguíneo por medio de esas maldiciones, incluyendo
los espíritus de vudú, maldición de enfermedad, y
maldiciones de pobreza y ruina, en el nombre de
Jesús". Respire profundo y exhale.

"También ordeno salir de mí en el nombre de Jesús los
espíritus de hechicería, sortilegios, superstición, conjuros y otros espíritus afines". Respire profundo y exhale.

Algunos de nuestros antepasados, de diferentes
linajes, han recibido maltrato y abuso a causa de su
raza. Tenemos que perdonar a los que nos han
herido. Es posible que tengamos resentimiento,
amargura, o aun odio que haya pasado a nosotros
por generaciones, contra los que perjudicaron a
nuestros antecesores. Entonces vamos a decir esta
oración:

"Señor, confieso que mis antepasados tenían odio en
su corazón hacia la gente que los maltrató, los usó
como esclavos, que los mantuvo como gente despre-
ciada, y en pobreza. Señor, perdónalos, y yo los perdono".

Ahora, dirigiéndose a los demonios, diga: "Ordeno
salir de mi linaje de sangre toda maldición que vino a
causa de los pecados de mis antecesores, sea el
pecado de resentimiento o cualquier otro pecado, en
el nombre de Jesús". Respire profundo y exhale.

Oración personal de perdón

"Señor, he perdonado a los que me han hecho daño, y me he perdonado a mí mismo. Ahora Te pido que me perdones por haber maldecido a la gente, por haber hablado en contra de ellos, y por haber murmurado contra los que están en autoridad. Amén.

Ahora, ordeno que salgan de mí los espíritus de resentimiento, falta de perdón, amargura, raíz de amargura, odio, venganza, envidia, murmuración, y todos los espíritus afines, en el nombre de Jesús". Respire profundo y exhale.

Maldiciones sobre relaciones que empezaron en pecado

A veces, una maldición llega a un matrimonio a causa de fornicación antes de celebrar la boda, por ejemplo, en el caso de una pareja que piensa que no importa anticipar las relaciones íntimas porque se casarán pronto. Cuando esta pareja está delante del pastor para que Dios bendiga su matrimonio, a menos que se arrepientan y pidan que Dios les perdone antes de repetir sus votos, puede venir una maldición porque se empezó en pecado. Si le pasó algo así, puede repetir lo siguiente:

"Rompo el poder de toda maldición que entró en mí a causa de mi pecado de fornicación antes del matrimonio. Ordeno que todos estos espíritus salgan de mí en el nombre de Jesús". Respire profundo y exhale.

A veces, una pareja casada tiene relaciones durante la regla o período. La Biblia dice:

"Cualquiera que durmiere con mujer menstruosa, y descubriere su desnudez, su fuente descubrió, y ella descubrió la fuente de su sangre; ambos serán cortados de entre su pueblo" (Levítico 20:18).

Cada vez que el Señor dice: "no harás" esto o aquello, hay una maldición que se relaciona con la desobediencia. Este pecado de Levítico 20:18 puede causar muchos problemas físicos, como cáncer en los genitales, tumores, quistes, o enfermedades de la próstata. Pídale al Señor que le perdone si ha hecho así, y ordene que salga el espíritu de esta maldición en el nombre de Jesús. Respire profundo y exhale.

Tratando otras ataduras sexuales

"En el nombre de Jesús, ordeno que salgan de mí todos los espíritus de lujuria, fantasías eróticas, perversiones, sodomía, fornicación, adulterio, masturbación, sexo oral, incesto, violaciones, homosexualidad, lesbianismo, sexo anal, sexo con animales, sexo con espíritus, pornografía, concupiscencia de los ojos, prostitución, aborto, y todos los demás espíritus inmundos que se relacionan con el uso indebido del sexo". Respire profundo y exhale.

Espíritus de temor

El temor es un espíritu mayor. Casi todas las personas que buscan liberación tienen alguna clase de temor. El diablo está feliz atormentándonos con el temor, y el temor atormenta, como dice la Escritura: *"En el amor no hay temor, sino que el perfecto amor echa fuera el temor; porque el temor lleva en sí castigo"* (1 Juan 4:18).

¿Qué tipo de espíritu nos ha dado Dios? No es de temor, pues la Biblia con plena certeza afirma: *"Porque no nos ha dado Dios espíritu de cobardía* (temor), *sino de poder, de amor y de dominio propio"* (2 Timoteo 1:7). Al echar fuera espíritus de temor, también expulso el espíritu Magor-misabib (Jeremías 20:3), un poderoso espíritu de miedo. Este nombre significa "terror por todas partes". Declare ahora: "En el nombre de Jesús, echo fuera de mí el espíritu de Magor-misabib, y todos los demás espíritus de temor, incluyendo el temor de _____ (nombre sus propios temores)". Respire profundo y exhale.

Espíritus de ocultismo

Ahora, venimos en contra de los espíritus de ocultismo. Repita esta oración con cuidado:

"Señor, confieso que busqué de Satanás y sus demonios la ayuda que debe venir solamente de Dios.

Confieso como pecado (nombre aquí toda práctica de ocultismo y actividad en esta área), y también los pecados que no recuerdo. Señor, renuncio y dejo estos pecados, y Te pido que me perdones. Renuncio a Satanás y todas sus obras. Lo aborrezco a él y a sus demonios, y los considero como mis enemigos. En el nombre de Jesús, cierro la puerta a toda actividad de ocultismo. Ordeno que salgan de mí todos los espíritus de ocultismo, ahora mismo, en el nombre de Jesucristo".

Durante este tiempo, nombre cada espíritu específico detrás de cada una de sus prácticas de ocultismo, ordenándoles salir en el nombre de Jesús. Respire y exhale cada vez. Aquí hay una lista para ayudar en su liberación:

adivinación

buscar agua por adivinación

conjuros

encantamientos

espíritu de papá noel

sanidad psíquica, mágica

horóscopos, signos del zodíaco

lectura de escritura

lectura de la palma de la mano

prestidigitación (juego de manos)

preconocimiento, déja vù

magia negra/blanca

percepción extrasensorial

santería

espíritus de brujería

amuletos

numerología

duendes

parapsicología

cristales

hipnotismo

proyección astral

objetos indígenas

objetos de la suerte

hechicería

levitación

sortilegios

necromancia

tabla ouija

uso del péndulo

Espíritus relacionados con sectas

Tratamos el compromiso con sectas de la misma manera que el ocultismo. Hay espíritus demoníacos que se relacionan con todas las sectas. Si ha estado en alguna secta, repita lo siguiente, y use el mismo proceder que antes para expulsar a los demonios:

"Ordeno que salga de mí todo espíritu que opera en la secta de testigos de Jehová, mormones, unitarios, hare-krishna, iglesia científica, rosacruces, gnósticos, masones, iglesia universal, teosofía, urantia, subud, lacian, ba'haismo, iglesia metapolítica (regina 11), nueva era y toda fraternidad o sociedad que usa la Biblia y el nombre de Dios (pero que niega la sangre de Cristo y su poder), en el nombre de Jesús".

Respire profundo y exhale. Ahora, declare que de este momento en adelante, no tendrá nada que ver con los que tienen enseñanzas y filosofías contra la fe en el Señor Jesucristo y Su obra perfecta del Calvario.

El movimiento de la "Nueva Era" ha conquistado la mente de muchos. La "Nueva Era" no es nada nuevo, no es sino el antiguo hinduismo recalentado. Enseña la reencarnación, la canalización o guía de "maestros", la visualización, la evolución, el misticismo oriental, el humanismo, el globalismo y el futurismo.

El canalizar es estar poseído por un espíritu guía. La esencia de la visualización consiste en convencerse que lo que la mente puede concebir, la mente lo puede creer. El globalismo (mundialismo) dice que somos ciudadanos mundiales. Futurismo es olvidar el pasado, el mundo para uno empieza ahora mismo. Llevar cristales, cuarzos, otras piedras semipreciosas, etc., es una forma más de contactar el mundo espiritual para recibir dirección. Declare:

> "Ordeno salir de mí todos los espíritus que se encuentran en todos los aspectos del movimiento de la Nueva Era, en el nombre de Jesús". Respire profundo y exhale.

Expulsión de otros espíritus

Se hace lo mismo para librarse de cualquier otro espíritu que le atormenta. Sólo hay que ordenarle salir en el nombre de Jesús, respirar profundo y exhalar.

Sigue una lista de otros demonios comunes: duda, peligro, rechazo, soledad, suicidio, muerte, orgullo, adicciones (drogas, chicle, nicotina, glotonería, dulces, cafeína, alcohol), lujuria (fornicación, adulterio, violación, incesto, sexo oral, masturbación, aborto, íncubo, súcubo, prostitución), anticristo, rebeldía, jezabel, acab, error, mentira, robo, avaricia, fracaso, pobreza, locura, enfermedades.

Invitación al Espíritu Santo

"Espíritu Santo, Te pido que entres en mí, con todo lo que eres, y tomes el lugar donde estaban los espíritus inmundos que se han echado fuera. Lléname con Tu amor sanador, Tu paz que sobrepasa todo entendimiento, y el gozo del Señor. Ayúdame a tener una actitud perdonadora. Muéstrame cómo vivir en victoria, en el nombre de Jesús".

UNAS ULTIMAS PALABRAS

"Bendice, alma mía, a Jehová, y bendiga todo mi ser su santo nombre. Bendice, alma mía, a Jehová, y no olvides ninguno de Sus beneficios. El es quien perdona todas tus iniquidades, el que sana todas tus dolencias; el que rescata del hoyo tu vida, el que te corona de favores y misericordias; el que sacia de bien tu boca de modo que te rejuvenezcas como el águila" (Salmo 103:1-5).

Nuestro Dios es un Dios misericordioso, sanador y perdonador. Es lento para la ira. No nos ha pagado según nuestros pecados. Siempre nos da la oportunidad de arrepentirnos y volver a El. Pero quiere que le reconozcamos, le alabemos, le obedezcamos, y le amemos. Entonces, será el Señor Dios que nos sana. Primero, quiere sanar nuestra alma. Eso pasa cuando aceptamos a Su Hijo, el Señor Jesucristo, como nuestro Señor y Salvador. Entréguese totalmente a El.

"Encomienda a Jehová tu camino, y confía en él; y él hará" (Salmo 37:5).

"Porque de tal manera amó Dios al mundo que ha dado a su hijo unigénito, para que todo aquel que en él cree, no se pierda, mas tenga vida eterna" (Juan 3:16).

DIOS NOS DA EL PODER DE SER SUS HIJOS

"Mas a todos los que Le recibieron, a los que creen en Su nombre, les dio potestad de ser hechos hijos de Dios" (Juan 1:12).

CONFESAR A JESUS ABIERTAMENTE

"...si confesares con tu boca que Jesús es el Señor, y creyeres en tu corazón que Dios le levantó de los muertos, serás salvo. Porque con el corazón se cree para justicia, pero con la boca se confiesa para salvación" (Romanos 10:9-10).

"A cualquiera, pues, que me confiese delante de los hombres, yo también le confesaré delante de Mi Padre que está en los cielos. Y a cualquiera que Me niegue delante de los hombres, yo también le negaré delante de Mi Padre que está en los cielos" (Mateo 10:32-33).

Es muy importante confesar públicamente que Jesucristo es su Señor y Salvador. Si repite con todo su corazón la oración que sigue, será heredero con Cristo al trono del Cielo, y será hermano (o hermana) de nuestro Señor Jesús.

"Señor Jesús, confieso que eres el Hijo del Dios viviente, y que diste Tu vida en la cruz por mis pecados. Me arrepiento de todas mis faltas y mis iniquidades, y Te pido que me perdones. Creo que resucitaste de los muertos al tercer día. Gracias por perdonarme, justificarme y limpiarme con Tu sangre preciosa. Te pido que entres en mi corazón y que tomes el control total de mi ser. Aunque es difícil seguirte, Señor Jesús, lo quiero cumplir. Te pido que me ayudes a seguirte de ahora en adelante. Te pido todo esto en tu precioso nombre, Señor Jesús. Amén y Amén".

2

Escape de la prisión de Satanás

EL ADIESTRA MIS MANOS PARA LA BATALLA

"Bendito sea Jehová, mi roca, quien adiestra mis manos para la batalla, y mis dedos para la guerra" (Salmo 144:1).

"Quien adiestra mis manos para la batalla, para entesar con mis brazos el arco de bronce" (Salmo 18:34).

En una ocasión, en Florencia, Italia, un sacerdote amigo nos pidió que ministráramos a un hombre y su esposa. El era un funcionario importante en un pueblo cercano. La esposa estaba afligida con dolor en varias partes del cuerpo. Había consultado a muchos doctores, y también había visitado varias brujas, en busca de alivio para sus dolores, pero sin que lograra obtener éxito.

Ambos dieron el paso tan importante de declarar a Jesucristo como su Señor y Salvador. Después, ordenamos salir los espíritus de falta de perdón, resentimiento, maldiciones, espíritus de ocultismo, adivinación, tormento y dolor. Ungimos a la mujer con aceite y oramos por su sanidad, pero los dolores siguieron. Oré en el espíritu y el Espíritu Santo me dio en la mente el cuadro de una muñeca con alfileres de vudú por todas partes.

Pregunté a la pareja si tenían enemigos que de pronto quisieran maldecirlos o hacerles un conjuro. Dijeron que creían que los habían maldecido mediante el mal de ojo, una práctica común en muchos países donde la gente consulta a brujos o médiums. A veces una bruja toma una muñeca, que representa a su enemigo, y clava alfileres en varias partes de la muñeca para atormentar a esa persona. La muñeca puede tener aun algo del cabello de la persona, o en otros casos, en la muñeca se pega una foto de la persona.

El Espíritu Santo me dijo que sacara los alfileres de todas las partes del cuerpo de la señora. Luego, le dije a mi esposa que lo hiciera en el nombre de Jesús mientras yo indicaba dónde estaban los alfileres. Entonces, en cada parte, Evelyn hizo un movimiento de arrancar, mientras decía: "Te saco en el nombre de Jesús". Cada vez la señora tuvo una reacción de dolor, pero después experimentó alivio. Sacamos alfileres de los oídos, la cabeza, los senos, las costillas, la columna, el recto y los genitales. Los últimos dolían más al salir, pero gracias a Dios, fue liberada de todo dolor. *"...adiestra mis manos para la batalla"* (Salmo 144:1).

Ya que estamos tratando el tema del vudú, me viene a la mente otro caso. Cuando vivíamos en Miami, Florida, una señora me llamó con respecto a su hija de 10 años. Esta niña (la llamaremos María) tenía una muñeca linda que era un regalo que su padrino le compró en un país del Caribe. Un día, la niña tuvo un disgusto con su hermana. Como había visto una película sobre la hechicería y el vudú, decidió probar el vudú contra su hermana. Llamó a la muñeca con el nombre de su hermana, y le puso alfileres. Al instante, su hermana, que estudiaba en el colegio, cayó al suelo, con dolores agudos en varias partes del cuerpo.

Llamaron a la mamá de la niña desde el colegio para que la recogiera. Al llegar a la casa, María oyó lo que había pasado. Estaba asombrada y asustada por lo sucedido a su hermana. Confesó que había puesto agujas a la muñeca, pues quería hacer daño a su hermana. María también se asustó cuando la muñeca le habló y la llamó por su nombre. María confesó todo a su mamá, y ella en seguida me llamó.

Guié a María a confesar sus pecados y recibir al Señor. Fue liberada de todos los espíritus que habían entrado en ella al practicar la hechicería. Después le dije a María que era necesario destruir la muñeca. Al principio no quería hacerlo. Entonces, le dije que tendría que elegir entre Jesús y la muñeca. Gracias a Dios, escogió a Jesús. Luego quemé la muñeca, y tiré las cenizas a la basura. María aprendió una lección amarga: que el diablo es real y se aprovecha por medio de las cosas que hacemos como diversión, o porque lo hemos visto en películas. Además, es probable que cuando fabricaron esa muñeca, haya recibido un conjuro o una maldición de una bruja.

Debemos tener cuidado con lo que compramos como recuerdos para llevar a la casa. La Palabra de Dios, dice:

> "y no traerás cosa abominable a tu casa, para que no seas anatema; del todo la aborrecerás y la abominarás..." (Deuteronomio 7:26).

Vivimos en Miami, Florida, desde 1951 hasta 1982, en una casita en el sector suroccidental. Cuando recibimos el bautismo en el Espíritu Santo en 1967, abrimos nuestra casa a reuniones de oración. La reunión en nuestra casa se convirtió en iglesia. Nuevos creyentes de todas las denominaciones y razas llegaron allí para buscar más conocimiento sobre el Espíritu Santo. Nosotros mismos aprendimos mientras hacíamos la obra.

El diccionario define íncubo como un espíritu masculino que trata de dormir con mujeres y tener relaciones sexuales con ellas, y define el espíritu

súcubo como un espíritu femenino que trata de
dormir con hombres (ver el capítulo sobre el tema en
este libro).

Dorothy nunca había podido tener relaciones con
su esposo durante los tres años de su matrimonio,
porque era demasiado estrecha. Aun le habían hecho
cirugía para tratar de corregir el problema. Recibía
consuelo de ese espíritu y había llegado a amarlo, sin
saber que el mismo espíritu la había afligido con esa
condición para impedirle que tuviera relaciones con
su esposo y con el objeto de que sólo las pudiera tener
con él.

Después que por fin ella decidió renunciar a ese
espíritu, pudimos echarlo fuera en el nombre de
Jesús. Luego oramos por sanidad del problema físico.
Declaramos: "Estiramos este órgano en el nombre de
Jesús", e hicimos un movimiento como de halar
frente a su cuerpo. La señora dijo que sintió algo que
se estiraba dentro de ella. La semana siguiente, la
pareja volvió y felices nos contaron que por primera
vez, habían podido tener relaciones normales como
esposos. ¡Estaba sana, gloria al Señor! *"...adiestra
mis manos para la batalla..."* (Salmo 144:1).

NO CREER A TODOS LOS ESPÍRITUS

> "Amados, no creáis a todo espíritu, sino probad
> los espíritus si son de Dios; porque muchos
> falsos profetas han salido por el mundo" (1 Juan
> 4:1).

Al ministrar liberación, hemos podido probar los
espíritus en muchas ocasiones. Jesús dijo que el
diablo es mentiroso y el padre de toda mentira (Juan
8:44). Entonces, es necesario estar pendientes del
engañador. Aunque vemos evidencias de liberación,
como toser, llorar, eructar, estornudar, trasbocar, y
otras, a veces hay que volver para asegurarnos que
ciertos espíritus en realidad han salido. El diablo
puede dar manifestaciones falsas para engañarnos.

Mi esposa y yo ministrábamos a una señora en

nuestro hogar en Miami, hace algunos años. Después de casi dos horas de la liberación, con muchas manifestaciones, una voz dulce salió de ella y dijo: "No tienen que preocuparse más; todos se han ido. Esta es la voz de Jesús". La señora se veía tan dulce y tenía una sonrisa muy hermosa en su cara, y estaba radiante. De pronto, oí al Espíritu Santo que me ordenaba probar el origen de la voz que hablaba en la mujer.

Entendí, cómo las Escrituras hablan de probar los espíritus. Entonces, me dirigí al espíritu: "Tú, que dices ser Jesús, ato tu poder y te ordeno salir de esta mujer en el nombre de Jesucristo de Nazaret, el Hijo del Dios viviente". Estaba seguro en el Señor Jesús que conocí, y quería que el Jesús falso entendiera que estaba desenmascarado. Yo tenía toda la autoridad que necesitaba, por medio de ese precioso nombre sobre todo nombre. El Jesús falso salió trasbocando y llorando. Alabado sea el Señor Jesucristo.

Una vez, ministrábamos en un retiro en el sur de Miami. Durante el tiempo de adoración y alabanza, una señora de habla española entró y se unió al grupo. Alabábamos a Dios en lenguas, y ella estaba a mi lado. Cuando oí sus lenguas, el Espíritu Santo en mí hizo sonar una alarma. No me sentí bien con sus lenguas. Le pregunté cuándo había recibido el bautismo en el Espíritu Santo. Ella no entendió de qué estaba hablando. Entonces, le pregunté cuándo había empezado a hablar en lenguas, y contestó que le llegaron cuando estaba de pie allí.

La llamé aparte y le dije: "Si sus lenguas son de Dios, tengo la certeza que estará de acuerdo, pero si no, seguramente no las quiere tener". Ella asintió. Por tanto, dije: "Vamos a probarlas". Como estaba de acuerdo, entonces ordené: "Paralizo la voz de este espíritu en usted que habló lenguas, en el nombre de Jesús". Después le dije a la señora que abriera la boca y siguiera hablando en lenguas. Abrió la boca, pero me miró con asombro, porque no podía decir nada. Sus cuerdas vocales estaban paralizadas en el nombre de Jesús. Después de preguntarle sobre su pasado, descubrí que había estado comprometida en santería, una clase de hechicería.

La invité a mi casa el día siguiente y mi esposa y yo le ministramos. Recibió a Jesucristo como su Señor y Salvador, y fue liberada de todos los espíritus de santería, un espíritu de lenguas falsas, y muchos otros espíritus. Después, recibió el bautismo del Espíritu Santo, y las lenguas que recibió eran completamente diferentes a las que tenía antes.

Cada vez que ministramos liberación a alguien, le aconsejamos invitar al Espíritu Santo para que entre y tome el lugar de los espíritus que ordenamos salir.

Una vez me invitaron a celebrar una reunión de oración en el hogar de una señora cubana llamada María. Me pidió que librara su casa de todos los espíritus malignos, incluyendo los espíritus de santería. Mientras estábamos todos alabando al Señor con las manos levantadas, la madre de María, Dolores, entró. María me había dicho que su mamá era una santera, o sea bruja, en este grupo. Cuando alzábamos las manos, también lo hacía Dolores. Cuando yo oraba en lenguas, ella también. Ella me imitaba en todo hasta que el Espíritu Santo me dijo que pusiera la sangre de Jesús contra ella. Levanté mi mano sobre la frente y dije: "La sangre de Jesús contra usted". Con eso cayó al piso y se quedó allí durante largo rato mientras seguíamos alabando al Señor. Cuando Dolores intentó levantarse, otra vez le puse la mano, mientras proclamaba la sangre preciosa de Jesús. De nuevo, cayó al suelo donde se quedó otro rato.

Luego, pude así ministrar a María y a su familia el plan de salvación, sin la interferencia de la mamá. Cuando estábamos listos para salir, ayudamos a Dolores a levantarse. Entonces reconoció que no podía imitar la sangre de Jesús. Se había enfrentado a un poder mayor que el de ella. Este hecho le llevó a aceptar a Jesucristo como su Señor y Salvador. Más adelante fue liberada, y ahora, gracias a Dios, es miembro fiel de una iglesia luterana pentecostal en Miami. La sangre preciosa de Jesús es algo que el diablo no puede duplicar. ¡Gloria a Jesucristo!

> "Y ellos le han vencido por medio de la sangre del Cordero, y de la palabra del testimonio de ellos, y menospreciaron sus vidas hasta la muerte" (Apocalipsis 12:11).

CUANDO SE NECESITA ORACION Y AYUNO

> "Pero este género no sale sino con oración y ayuno" (Mateo 17:21).

Muchas veces encontramos espíritus que son muy fuertes. Creo que Jesús habló de esta clase de espíritus en el versículo que se acaba de citar. La primera vez que experimenté una confrontación con tales espíritus fue en Italia.

Era el día antes de nuestra salida para volver a los Estados Unidos, y celebrábamos una pequeña reunión de oración para agradecerle al Señor nuestro tiempo en Italia. De repente, una joven empezó a gritar. Cayó al suelo mientras se retorcía como una serpiente. Cuando ordené a los espíritus estar atados y sin poder en el nombre de Jesús, los espíritus en la muchacha me hablaron y dijeron: "Marzullo, te hemos estado esperando; no tendrás éxito, hemos declarado ayuno y oración contra ti desde Sicilia hasta Milán".

Aprendimos de esta experiencia que, como tenemos más poder en tratar con algunos espíritus por medio de la oración y el ayuno, los brujos y los que están en actividades demoníacas reciben más poder de su dios, Satanás, por oraciones y ayuno. Averiguamos, por un familiar de la muchacha, que también estaba en la reunión, que ella vivía con sus padres, y que ellos estaban muy comprometidos en hechicería y adoración al diablo.

Después de trabajar con la muchacha durante

varias horas, por fin logramos que ella declarara a Jesucristo como su Señor y Salvador. No pudimos hacer más en el poco tiempo que teníamos. La dejamos allí, en las manos de Jesucristo.

En casa de unos amigos en el sur de Miami, dirigía una reunión de oración. Al final, una señora joven (a quien llamaremos Carola) pidió hablar conmigo en privado. Procuro no estar a solas con una mujer, de modo que le dije que hablaría con ella en un lugar cercano donde venden hamburguesas. Mientras comíamos allí, me comentó de su esposo y su necesidad de liberación. Pero el Espíritu Santo me dijo que Carola dominaba a su esposo y que tenía un espíritu de Jezabel. Cuando empecé a ordenarle salir, comenzó a gritar. Pensé: "¿Qué tal que la policía pasara y me viera en un carro de una mujer que tiene la mitad de mi edad, y que grita con todas sus fuerzas?" Ordené que los espíritus quedaran atados, sin poder, silenciosos en el nombre de Jesús, y paré la liberación. Le dije que fuera a mi casa al día siguiente, donde mi esposa y yo podíamos ministrarle.

En efecto, llegó a mi casa, y en medio de la liberación, los espíritus hablaron por medio de ella y dijeron: "Marzullo, no tienes el poder". Otra vez, detuve la liberación. Le dije a Carola que fuera al día siguiente, pero en ayuno y oración, y que yo también iba a orar y ayunar. Hicimos así, y los espíritus salieron con rapidez en ese momento. ¡Alabado sea Dios!

RECHAZO: PUERTA DE ENTRADA PARA LOS DEMONIOS

> "Mas Yo haré venir sanidad para ti, y sanaré tus heridas, dice Jehová; porque desechada te llamaron, diciendo: Esta es Sion, de la que nadie se acuerda" (Jeremías 30:17).

> "A lo Suyo vino, y los suyos no Le recibieron" (Juan 1:11).

Creo que el rechazo es quizá la causa principal en

la mayoría de los problemas que lleva a la gente a buscar liberación. Un espíritu de rechazo puede entrar en cualquier momento a la vida de la persona. Puede entrar en el momento de la concepción, al nacer, en la niñez, o como adulto.

En mis otros libros, *"Manual para el Obrero Cristiano"* y *"La Plenitud de una Vida Abundante"* he tratado el tema en forma extensa, pero aquí quiero compartir algunas de mis experiencias con gente cuyo problema empezó con el rechazo.

Felicia fue enviada por su pastor, porque había tratado de suicidarse. Se trataba de una señora joven, con un buen esposo, dos hermosos niños, un buen hogar, aparentemente toda razón para querer vivir, y sin embargo, deseaba suicidarse.

Después de establecer que conocía al Señor, empecé a hacerle algunas preguntas para averiguar porqué quería matarse. Resulta que nunca se había sentido amada ni como niña, ni como adolescente, y ahora tampoco como casada. Pensó que su vecino Juan, tan amable y compasivo, podría llenar el vacío de su vida. Entonces, tuvieron relaciones. Luego el diablo la atacó con culpa, condenación, opresión y espíritus similares. Le dijo: "¿Qué tal que tu esposo se enterara? Perderías tu matrimonio, tus hijos, y tu hogar. Mejor que mueras". Felicia no podía enfrentar a su esposo y confesar lo que había hecho, de modo que decidió terminarlo todo.

Cuando comencé a ordenar que salieran los demonios, el Espíritu Santo me dijo que empezara desde el momento de su concepción. Allí estaba el principio del problema. La mamá no había querido quedar embarazada, y aborrecía estar encinta. Entonces, ordené salir todos los espíritus que entraron en Felicia mientras se formaba en el vientre de la madre —espíritus de no ser amada, rechazo al embarazo, falta de amor, intento de aborto, y espíritu de muerte. Salieron en el nombre de Jesús.

Después pedí que el Señor Jesús —que es el

mismo ayer, hoy y por los siglos, y que estaba con Felicia cuando se formaba en el vientre de su madre— sanara el espíritu herido y el corazón quebrantado de la pequeña Felicia. También le pedí a Jesús que derramara Su amor sobre ella en este punto de su vida. Felicia lloró y lloró, y recibió de Jesús Su amor y Su paz. Recibió todo el amor que no había recibido durante toda su vida. Luego perdonó a su mamá por haberla rechazado, se arrepintió de sus pecados, y recibió el bautismo del Espíritu Santo. ¡Alabanzas al Señor Jesucristo! Felicia quedó restaurada en el Reino de Dios.

En mi libro: *"La Plenitud de una Vida Abundante"* escribí sobre Clarita, que había nacido con labio leporino. Fue rechazada por sus padres al nacer, porque querían un bebé perfecto. Clarita nunca sintió verdadero amor sino hasta cuando Jesús fue invitado a entrar en su vida a una temprana edad. El la llenó con Su amor, y sanó su espíritu herido y su corazón quebrantado. Así, fue liberada de rechazo, amargura, odio, y muchos otros espíritus. Jesús le dio toda la libertad.

Ana era una joven madre que había tenido temor durante toda su vida. La conocí cuando ministraba en el Estado de Connecticut, sobre el perdón y el amor de Dios para sus hijos. Ana pasó adelante para que se orara por ella, porque la agobiaba el temor. Se trataba de una persona creyente, hija de Dios, llena del Espíritu Santo, que tenía el don de lenguas, y que sin embargo, no podía librarse del temor.

Pedí que el Señor me diera palabra de conocimiento, para saber el origen del problema. Me mostró en la mente un cuadro de un feto arrinconado con temor. La palabra aborto llegó a mi pensamiento. Entonces, ordené salir en el nombre de Jesús los espíritus de aborto, asesinato, violencia, rechazo de la madre, y todo temor y terror. Luego, Ana se abalanzó contra mí con las manos como garras. Apartó la mesita que nos separaba, al tratar de atacarme.

Até el poder de estos espíritus y puse la sangre de Jesús entre los dos. Cayó al suelo, y mientras estaba allí, eché fuera todos los espíritus que había nombrado antes, y muchos otros que el Espíritu Santo me reveló. El temor y el terror que Ana había tenido durante todos estos años se fueron.

Perdonó a su mamá por haberla rechazado desde el vientre. También pedí al Señor Jesús que sanara el espíritu herido y el corazón quebrantado del bebé Ana en el vientre de su madre. Esta experiencia pasó hace muchos años, y según sé, Ana sigue libre de temor. ¡Alabado sea Dios!

Cuando supe que los espíritus pueden entrar en un bebé aun antes de nacer, compartí esta enseñanza con mi hijo Frank. Su esposa Jill estaba esperando en esta época. Le dije a Frank que pusiera las manos sobre el vientre de su esposa, y que hablara al bebé así: "Tú, que estás allí, te amo. Nunca te rechazaré. Estoy esperando tu nacimiento, para poder tomarte en mis brazos y expresarte mi amor. Te bendigo y pido que Dios Padre te bendiga, en el nombre de Jesús". La hija de Frank y Jill, llamada Kellie, es una hermosa niña con un carácter dulce.

Un pastor en Inglaterra me confesó que no se sintió amado y también tenía temor de médicos y enfermeras. Nunca quería ir a visitar a los enfermos en los hospitales. Mientras orábamos, el Señor me mostró un niño que lloraba con el corazón aterrorizado, en una cama del hospital. Una vez la mamá y el papá tuvieron que dejarlo solo en la clínica durante la noche. Lo único que veía el niño era gente con ropa blanca. Cada vez que alguien se acercaba, lloraba de terror, y temía el tratamiento médico. Ordené salir, en el nombre de Jesús, los espíritus de rechazo de los padres, y el temor a la gente de blanco. Después pedí que Jesús le llenara con su amor, allí en esa cama del hospital. Jesús lo hizo, y ahora este pastor no teme a hospitales ni a las personas vestidas de blanco. Y ya puede ministrar a los enfermos en los hospitales. ¡Gloria a Dios!

ESPIRITUS DE HERENCIA

"Porque la vida de la carne en la sangre está" (Levítico 17:11).

"No te inclinarás, ni las honrarás; porque yo soy Jehová tu Dios, fuerte, celoso, que visito la maldad de los padres sobre los hijos hasta la tercera y cuarta generación de los que Me aborrecen" (Exodo 20:5).

Todos estábamos en los lomos de nuestros bisabuelos, de nuestros abuelos, y de nuestros padres, antes de nacer. Es posible heredar un defecto físico y aun un defecto espiritual por el linaje sanguíneo. "Porque la vida de la carne en la sangre está". De esta manera podemos heredar espíritus malignos y maldiciones en la sangre. Muchas personas que buscan liberación han recibido así espíritus malignos.

Susan era una señora hermosa, esposa de un pastor inglés. Vivían cerca a Londres, Inglaterra, y me invitaron a hablar en su iglesia. Tenían dos hijos, y aparentemente eran felices en su matrimonio y su hogar. Después de un culto, Susan pidió una cita con mi esposa y conmigo. Nos compartió que, aunque amaba mucho a su esposo, había veces que tenía impulsos de tomar un cuchillo y herirle. Pregunté qué razas había en su linaje. Me dijo que uno de sus antepasados era un indígena cherokee. El Señor me dijo que esa era la raíz del problema.

Primero, até el poder de ese espíritu indígena cherokee, y después ordené: "Tú, espíritu cherokee, que te gusta mutilar a los blancos, te mando salir en el nombre de Jesús". Tan pronto dije estas palabras, Susan vino hacia mí, con las manos como garras mientras gritaba: "¡Te mataré, te mataré!". Puse la sangre de Jesús entre los dos y seguí ordenando salir el espíritu de indígena. De repente, con un grito horrible, salió. Su esposo era de raza blanca, y muchos indios mataban a los blancos. Ese espíritu estaba en su linaje sanguíneo, y por eso tenía tales impulsos malignos contra su esposo. Gloria a Dios por la liberación.

En el mismo viaje a Inglaterra, ministré liberación masiva en una iglesia de Aldershot, cerca a Londres. En la primera fila estaba una ancianita de unos ochenta años, delgada y con sus guantes blancos, como toda una dama muy gentil. Tenía la apariencia de no hacer daño ni a una mosca. Pero en medio de la ministración de liberación, gritó. Su cara tomó una expresión amenazante, y no parecía la misma ancianita que había llegado a la iglesia. El Señor me dio el nombre del espíritu y le dije: "Tú, espíritu pirata, que quieres cortar en dos a las personas, te ordeno salir en el nombre de Jesús". La señora me miró dulcemente y dijo: "Nunca he cortado a nadie en dos". Le respondí: "Claro que no, pero le gustaría hacerlo, ¿verdad?". Se rió y contestó: "Sí, lo quiero hacer, y lo haré". "No; no lo hará" le dije, "vas a salir ahora mismo en el nombre de Jesús". Con una fuerte tos, el espíritu salió. Supe después que uno de los antepasados de la ancianita era pirata.

En mi pueblo natal, un hombre llamado Juan sentía mucho temor a morir joven. Tenía unos 40 años, y me confesó que moriría dentro de unos diez años. Me dijo: "Está en la familia". Me comentó que el papá murió a los 52 años, y el abuelo a los 55, de modo que esperaba morir en unos diez años. Le hice ver que se había pronunciado una maldición sobre su linaje, y que no debía aceptar una muerte temprana. Le di instrucciones sobre cómo rechazar esas palabras, ordenar que toda herencia de maldiciones quedara rota, sin poder, y ordenar a los demonios de la maldición salir de él y de su linaje en el nombre de Jesús. Después le dije que reclamara 70 años y aun 80 y más. Ahora tiene 60 años y se siente fuerte. Definitivamente, el diablo es mentiroso, y no viene sino para matar, robar, y destruir (Juan 10:10).

A Linda la atormentaban en la mente pensamientos lujuriosos. Era casada, tenía tres hijos, y amaba mucho a su esposo. Pero los espíritus atacaban su mente con cuadros de concupiscencia. Muchas veces al mirar a un hombre, aun al pastor, lo imaginaba completamente desnudo. Una vez, en un ascensor, sola, con un hombre desconocido, tuvo el impulso de cogerle el miembro. Lo hizo, y después, cuando se abrió el ascensor, huyó. Nunca cometió adulterio físicamente, pero sí en la fantasía. Oramos, y el Espíritu Santo me dijo que había heredado un espíritu de prostitución, de una de las personas en sus antepasados que había sido prostituta.

Ordené salir todos los espíritus de herencia, espíritus de lujuria, prostitución, sexo oral, y los espíritus afines. Después invitamos al Espíritu Santo para que entrara y tomara el lugar donde habían estado los espíritus que salieron en el nombre de Jesús. También pedimos al Señor Jesús que limpiara con Su sangre preciosa a Linda por dentro y por fuera, su mente y su cuerpo. Linda recibió la paz del Señor, y lo último que supe era que seguía libre. Alabado sea Jesucristo, el Hijo del Dios viviente.

En nuestro ministerio, encontramos tan frecuentemente espíritus de herencia, que una de las preguntas que hacemos en consejería personal es: "¿Cuáles nacionalidades hay en su linaje sanguíneo?" Después, procedemos a echar fuera todo espíritu malo que haya venido de esas nacionalidades. También rompemos toda maldición y toda palabra hablada contra la línea de sangre por cualquier persona, viva o muerta. Muchas veces pido a la gente repetir las siguientes oraciones que también aparecen en mi libro: *"Llaves para ministrar liberación y sanidad"*.

ORACION PARA ROMPER ATADURAS DE HERENCIA PSIQUICA

"En el nombre de Jesús, ahora renuncio, rompo, y me desligo a mí mismo y a mi familia de toda atadura maligna, de todo poder psíquico, y toda maldición de enfermedad física o mental puestos sobre mí o mi línea familiar a causa de mis padres o antepasados hasta diez generaciones atrás. Te doy gracias, Señor Jesús, por liberarme".

ORACION PARA CORTAR TODA MALDICION DE FUENTES DE OCULTISMO

"En el nombre de Jesucristo, ahora reprendo y rompo el poder de todo espíritu, y me desligo a mí mismo y a mi familia, de toda maldición de sortilegios, hechicerías, conjuros, poder psíquico, brujerías, amuletos, encantos y asignaciones malignas puestos sobre mí y mi línea familiar por cualquier persona o personas, muertas o vivas, y de toda fuente de ocultismo (incluyendo todo espíritu familiar asignado a mí por Satanás cuando nací para atormentarme durante toda mi vida) o como consecuencia de mis propios pecados. Reprendo a todos estos espíritus y les ordeno salir de mí en el nombre de Jesús". Respire profundo y exhale en el nombre de Jesús.

EL PECADO NO CONFESADO ABRE LA PUERTA A LOS DEMONIOS

"Si confesamos nuestros pecados, El es fiel y justo para perdonar nuestros pecados, y limpiarnos de toda maldad" (1 Juan 1:9).

"Entonces su señor, enojado, le entregó a los verdugos, hasta que pagase todo lo que le debía. Así también mi Padre celestial hará con vosotros si no perdonáis de todo corazón cada uno a su hermano sus ofensas" (Mateo 18:34-35).

El pecado que no se confiesa abre la puerta para la entrada de espíritus malignos. Pecados como el aborto o el intento de aborto, la falta de perdón, el resentimiento, la envidia, la avaricia (que es idolatría), a veces son pecados escondidos y, sin embargo, dan al diablo derecho a entrar.

Debra, una señora madura de nuestro grupo de oración, me llamó una madrugada como a las 3:30 a.m. mientras gritaba: "Hay aquí en mi alcoba un grupo de espíritus inmundos, que se burlan de mí y hacen bulla. Les ordené salir, en el nombre de Jesús, como usted me enseñó, pero no se van". Le dije que si no salen cuando uno los ordena irse en el nombre de Jesús, tienen derecho legal de estar allí. Mientras orábamos, la palabra "aborto" vino a mi mente. Le pregunté si alguna vez había consentido en hacerse un aborto. Dijo que sí, hacía muchos años cuando era joven. Descubrí que nunca lo confesó como pecado. Le dije que lo confesara en ese momento, y lo hizo. Después ordené que salieran los espíritus de aborto, asesinato, sacrificio de niños, lujuria, fornicación, y todos los espíritus afines. Le dije que respirara profundo y exhalara en el nombre de Jesús. Después invitó al Espíritu Santo a entrar y tomar el lugar de los espíritus que habían sido echados fuera. También le dije que leyera el Salmo 18 en voz alta en toda la casa. Gracias a Dios, los espíritus nunca volvieron.

He descubierto que el Salmo 18 es un salmo de liberación. Muchas veces lo leo en voz alta en mi propia casa mientras voy de habitación en habitación. Sugiero que hagan así los que tienen cualquier problema en su hogar, y ordenen salir en el nombre de Jesús cualquier espíritu maligno de todo cuarto, closet, ático, sótano, pasillo, cimientos y terreno donde está la casa.

Muchos me dicen: "Renuncié a ese pecado y a sus demonios hace muchos años". Entonces les respondo: "¿Confesó el pecado y ordenó salir los demonios en el nombre de Jesús?" Algunas personas no entienden que renunciar y ordenar salir son dos cosas distintas. Es necesario echar fuera los espíritus malignos.

El Señor me enseñó ir al origen del aborto así. Mi hermano Ernest y yo estábamos con un grupo de 16 personas en viaje por Irlanda del Norte, Irlanda, Escocia, e Inglaterra. Una noche, nos quedamos en un castillo en la parte central de Inglaterra, pues los

dueños alquilaban las piezas para pagar el sosteni-
miento del castillo.

El grupo pidió que les diera una enseñanza sobre
la liberación. Contesté que la mejor enseñanza en
liberación era haciéndola. Entonces, tuvimos liberación en grupo. En medio de ordenar salir espíritus de
violencia, ira, y homicidio, la líder de alabanza, una
linda joven, empezó a gritar y a hincharse como si
estuviera embarazada.

Ordené al espíritu que se identificara. Contestó:
"Baal". Pregunté a la muchacha si alguna vez se
había hecho algún aborto, y me dijo que varios.
Después que ella pidió perdón a Dios por los pecados
de aborto, ordené salir los espíritus de aborto, sacrificio de niños, asesinato, y los espíritus de Baal y
Moloc. El Señor me enseñó que tenía que ir al origen
del aborto, pues no era suficiente sólo cortar las
ramas sino hay que buscar la raíz, los espíritus
demoníacos. Sé que dos de los principales espíritus
sobre los Estados Unidos son Baal y Moloc. Después
de la liberación, el cuerpo de la joven volvió a su
tamaño normal.

Cuando ministro liberación del espíritu de incesto
a una persona, también busco la raíz, o sea, la
primera vez que se menciona incesto en la Biblia.
Ocurrió cuando las hijas de Lot conspiraron en em-
briagar al padre y dormir con él. Concibieron y así se
formaron dos naciones, las de Moab y Amón. El dios
de Moab era Quemos, y el dios de Amón era Milcom.
Cuando se expulsa el espíritu de incesto, también
hay que echar fuera los espíritus de Quemos y Milcom.

ESPIRITUS DE OCULTISMO

"Yo soy Jehová Tu Dios, que te saqué de la tierra
de Egipto, de casa de servidumbre. No tendrás
dioses ajenos delante de Mí" (Exodo 20:2-3).

Nuestro Dios —Padre, Hijo, y Espíritu Santo— es
celoso. No nos comparte con ningún otro dios. Su

nombre es Celoso (Exodo 34:14). Cometemos adulterio espiritual cuando nos comprometemos en toda
clase de ocultismo. Hemos descubierto que mientras
más nos hundimos en el ocultismo, más difícil es
salir de él, porque cada vez son más fuertes y pode-
rosos los demonios que entran por este compromiso.
Hemos visto casos donde los padres han dedicado
sus hijos a Satanás. ¿Se puede imaginar el tormento
y la lucha que la persona tiene para liberarse? Pero
todo es posible para Dios. *"Todo aquel que invocare
el nombre de Jehová será salvo"* (Joel 2:32). El
endemoniado gadareno tenía una legión de demonios, pero se postró a los pies del Señor Jesús como
acto de adoración y fue liberado (Marcos 5:9; Lucas
8:28).

Dirigía un seminario sobre sanidad y liberación
en la iglesia Comunidad de Fe en Bogotá, Colombia.
Mi esposa Evelyn, mi hija Nina, y su esposo Thomas
Snyder estaban conmigo. Este mensaje se transmitía
por la radio. Empecé a atar los poderes de las tinieblas que hay sobre la ciudad —espíritus de hechicería, culto al diablo, lujuria, adivinación, espiritismo
y todo ocultismo— y comenzó un tremendo alboroto.
Una señora a mi izquierda empezó a gritar y rehusó
callarse. Las mujeres procuraban sacarla entre la
multitud de la iglesia, cuando pedí que me la trajeran. Até todo espíritu de anticristo en el nombre de
Jesús, y le ordené que se sentara en las gradas de la
plataforma. Le dije que obedeciera todas mis instrucciones cuando empezara a echar fuera demonios en
la congregación.

De repente, a mi derecha se inició otro problema.
Un joven empujaba las personas y las sillas de un
lado a otro, y venía hacia mí con las manos como
garras, mientras decía toda clase de palabras. Mi
esposa y yo simultáneamente lo señalamos y ordenamos a los espíritus en él quedar atados y sin poder
en el nombre de Jesús y en el poder de su sangre. El
hombre cayó a mis pies, frente a la plataforma y
permaneció allí. Todo este alboroto se transmitía por

la radio. Después que se calmó todo, mi yerno Tom ayudó al joven a levantarse y a sentarse a su lado.

Seguí con la liberación. Cuando terminó, empecé a orar por sanidad. La señora sentada al lado de la plataforma recibió liberación de hechicería y muchos otros espíritus. Después vino y me abrazó con lágrimas que corrían por las mejillas. Su rostro era diferente, y parecía otra mujer. Tenía paz. Nina, Tom y Evelyn ministraron al joven, y le guiaron a la salvación. El también recibió liberación de muchos espíritus. Tom averiguó que este hombre estaba comprometido en adoración a Satanás. Le dijo que quemara todos sus libros y demás cosas de satanismo. Al día siguiente volvió y nos dijo que había quemado todo lo que tenía en la casa en cuanto al diablo. Esa noche recibió más liberación. ¡Gloria a Dios! *"Y dijo Jehová a Satanás: Jehová te reprenda, oh Satanás; Jehová que ha escogido a Jerusalén te reprenda. ¿No es éste un tizón arrebatado del incendio?"* (Zacarías 3:2). Ambos, el joven y la mujer, eran como tizones arrebatados al fuego del infierno.

Encontramos una situación similar en San Sepolcro, Italia. En la reunión había varios centenares, casi todos católicos. En medio de las alabanzas, un joven alto y fuerte empezó a gruñir como un animal, a tirar sillas y empujar a la gente, mientras venía hacia mí. Otra vez, mi esposa y yo nos paramos, le señalamos con el dedo, atamos los espíritus y puse la sangre de Jesús entre él y nosotros. El hombre se quedó allí, de pie, mientras movía las manos y gruñía. Entendí que el plan del diablo era estorbar la reunión. Entonces ordené a los demonios hacer silencio y que dejaran seguir la reunión. El joven calló y pedí a unos hombres que lo sacaran de la sala y lo trajeran al día siguiente. Así se hizo, y recibió liberación de muchos espíritus de hechicería, ocultismo, violencia, homicidio y espíritus afines.

En otra ocasión, en Florencia, Italia, asistimos a un retiro en una casa. En medio del culto, entró un señor que llevaba a su esposa, con la ayuda de un sacerdote. Nos informaron que su nombre era Lena y que la iban a internar en un hospital mental al día siguiente. Pidieron que orara por ella. La llevaron a una alcoba y la pusieron sobre una cama. Cuando me acerqué a ella, corrió a la última habitación. Habían tenido que entrarla alzada a la casa, pero ahora corría. Cuando me acerqué otra vez, empezó a quitarse la ropa y a mostrarme los senos. Até los espíritus de seducción y lujuria en el nombre de Jesús. Le hablé a través de mi intérprete, Lorraine. Le dije: "Lena, ¿quiere recibir ayuda? La puedo ayudar, pero tiene que obedecerme". Estuvo de acuerdo, pero hubo una lucha fuerte para que pudiera declarar por fin a Jesucristo como su Señor y Salvador. Entonces, descubrimos que había ido a un brujo para que la aconsejara, y él la había deseado. Cuando ella lo rechazó, le puso una maldición. Luego, Lena fue a un brujo de magia blanca para quitar la maldición del brujo de magia negra, sin saber que esto solamente hizo aumentar el número de espíritus de hechicería en ella y afirmó la maldición. Trabajamos con ella durante más de tres horas. Al final se arrepintió de sus pecados, pidió y recibió el perdón de Jesús. Había tantos espíritus fuertes de ocultismo en ella que era como sacar dientes para hacerlos salir.

Había sido un día largo para mí, de modo que até los demás espíritus todavía en ella, y le dije que volviera después. Ya podía caminar, y hablar en forma normal por primera vez en meses. Se necesitaron tres sesiones más para que quedara libre. Luego, cuando asistía a las reuniones, le pedía que me ayudara con la lectura de las Escrituras en italiano. La gente después quería saber el nombre del médico que la había atendido, porque vieron muchos cambios en ella. Lena les decía que era el doctor Jesús. Por todo el pueblo corrió la historia de su sanidad y liberación. Todos la conocían y a causa de este milagro, el lugar de las reuniones se llenaba tanto que no cabía la gente el resto de la semana que estuve allí.

Algunas personas no saben que los mismos espíritus malignos están en los Estados Unidos. Jugar con la tabla ouija abre la puerta para la entrada de toda clase de espíritus de ocultismo. Es un juego diabólico inventado por Satanás. El juego "Dungeons and Dragons" (Calabozos y Dragones) es igualmente satánico. Muchos jóvenes han muerto por jugar con él.

El horóscopo se puede leer en casi todos los periódicos del mundo. Todo eso es abominación al Señor nuestro Dios, como dicen las Escrituras en Isaías 47:11-15, y Deuteronomio 18:9-12. Es adulterio espiritual, y Dios lo aborrece y lo condena. En Estados Unidos hay hechicería, culto a Satanás, e iglesias del diablo. El pueblo de Dios tiene que aprender cómo pelear contra el enemigo, y cómo mantenerse libre de sus asechanzas y trampas, en el nombre de Jesús.

Mucha gente es tibia en su vida cristiana y hace compromiso con los demonios. Dios condena la tibieza y dice: *"...por cuanto eres tibio, y no frío ni caliente, te vomitaré de Mi boca"* (Apocalipsis 3:16).

Dios también advirtió a los israelitas que no hicieran compromisos con las naciones paganas cuando entraran en la tierra prometida (Deuteronomio 7:1-2). Les ordenó destruir estas naciones y no mostrar ninguna misericordia. Cuando nos comprometemos con los demonios, nos rebelamos contra la Palabra de Dios. Recordar que la rebelión es como el pecado de la adivinación; es abominación al Señor (1 Samuel 15:23).

Juan me buscó para que le ayudara. Dijo que luchaba contra pensamientos lujuriosos y que era mujeriego. Durante la liberación, un demonio habló en él y dijo: "No me vas a sacar. Juan quiere que me quede". En el nombre de Jesús ordené que este demonio se identificara. Dijo que su nombre era

Lucky. Entonces le dije, "¿Con qué tipo de tormento aflige a Juan?" Contestó que lo impulsaba a fumar los cigarrillos de marca "Lucky Strike".

Le pregunté a Juan si estaba listo para dejar de fumar. Me dijo que disfrutaba fumar, pues lo relajaba, y que la Biblia no decía nada en contra de fumar. Le hice ver que como templo de Dios, contaminaba el templo del Espíritu Santo. Y luego, detuve la liberación. Le dije que mientras tenía su compromiso con Lucky, y no quería expulsarlo juntamente con los espíritus de adicción y nicotina, estaba en rebelión contra la Palabra de Dios. También, mientras Lucky estaba allí, iba a servir de puente para que volvieran a entrar todos los espíritus que salieron. Y su último estado, sería peor que antes (Mateo 12:43-45). Sin embargo, Juan no estaba de acuerdo conmigo.

Entonces, le dije que cuando estuviera listo para dejar todo a fin de ganar la perla de gran precio, que es nuestro Señor Jesús, podría volver y le ministraría liberación.

Dios nunca viola el libre albedrío de una persona y el diablo lo sabe. A veces la voluntad de la persona da al diablo derecho legal no sólo para entrar sino para quedarse allí. Gracias a Dios, Juan me llamó dos meses después y dijo que estaba listo para dejarlo todo por Jesús. Lucky salió, junto con todos los demás espíritus inmundos.

Carlos era otro que había hecho un pacto con demonios. Vino en busca de liberación, porque tenía mucho temor. Al preguntarle, descubrí que aunque era casado, vivía con otra mujer. Inmediatamente, le dije que no le podía ministrar liberación a menos que estuviera listo para arrepentirse de este pecado y separarse de la mujer. Respondió que ambos eran adultos y no hacían daño a nadie. Le contesté que estaban haciendo daño a Dios y a sus cónyuges. Dios aborrece la fornicación y el adulterio. Carlos se enfureció y me replicó:, "¿Quiere decir como hombre de

Dios que usted rehusa liberarme del temor que me atormenta?"

Le dije lo mismo que había dicho a Juan: que cuando estuviera listo a abandonar su pecado y cambiar en favor de Jesús, y volver a su esposa, le ayudaría. Carlos tenía libre voluntad. Nunca volvió para liberación.

Antes, me afanaba por ministrar liberación. Ahora, me aseguro que las personas tengan una base firme en la Palabra de Dios, que estén en una iglesia como cuerpo de Cristo, y que sepan cómo mantener su sanidad y su liberación.

LIBERACION Y SANIDAD DESDE LA CABEZA HASTA LOS PIES

Después de ministrar liberación en forma congregacional, a muchas personas simultáneamente, el Espíritu Santo varias veces nos guía a ir de cabeza a pies para tener una liberación más completa. Creemos que hay espíritus malignos que a menudo viven en varias partes del cuerpo. Pedimos a la gente poner las manos sobre el área del cuerpo que estamos tratando, y repetir con nosotros las siguientes declaraciones:

LA CABEZA- "Ordeno salir de mí, en el nombre de Jesús, todo espíritu que esté en mi cabeza, para causar derrame cerebral, daño cerebral, cáncer, tumores, quistes, coágulos, epilepsia, meningitis, senilidad, psicosis, esquizofrenia, paranoia, fobias, doble ánimo, retardo, alucinaciones, manías, locura, confusión, olvido, frustración, pereza, ataduras mentales, preocupación, temor, ansiedad, estrés, opresión, ocultismo, espiritismo, satanismo, pesadillas, jaquecas, migrañas, dolor de cabeza, tormento mental, suicidio (nombrar cualquier problema con la cabeza o en los pensamientos). Salgan todos en el nombre de Jesús". Después de echar todos estos demonios, oramos por sanidad de toda la cabeza en el nombre de Jesús.

LOS OJOS- (Las manos sobre los ojos). – "Ordeno salir de mí, en el nombre de Jesús, todo espíritu que cause problemas en los ojos como ceguera, cataratas, glaucoma, miopía o su opuesto, toda debilidad de los ojos, toda enfermedad de los ojos, concupiscencia de los ojos, pornografía, ocultismo, sequedad de los ojos (u otros problemas que usted puede nombrar). Salgan todos en el nombre de Jesús". Después se ora por la sanidad de los ojos en el nombre de Jesús.

LOS OIDOS- (Las manos sobre los oídos). – "Ordeno salir de mí los espíritus en mis oídos que causan sordera, tinnitus, ruidos en los oídos, sordera espiritual, problemas del oído interno, síndrome de Menière, vértigo, confusión, espíritus de mentira, espíritus de error, dolor de oído, infecciones (y nombrar cualquier otro problema que usted tenga). Ordeno que salgan todos en el nombre de Jesús". Después se ora por la sanidad de los oídos.

LA NARIZ- (Las manos sobre la nariz). – "Ordeno salir de mi nariz todo espíritu que causa la pérdida del olfato, hemorragias, rinitis, sinusitis, pólipos, dificultades con la respiración (y cualquier otro problema que usted tenga). Ordeno que todos salgan en el nombre de Jesús". Después se ora por la sanidad de la nariz, en el nombre de Jesús.

LA BOCA- (Las manos sobre la boca). – "Ordeno salir todo espíritu en mi boca que cause infección en las encías, caries, problemas de la mandíbula, el rechinar de dientes, cáncer, llagas, herpes, pérdida de poder saborear, tartamudeo, piorrea, sexo oral, espíritus pitónicos, mal aliento, espíritus de mentira, blasfemias, boca sucia, chisme, habladuría, adicciones, alcohol, vino, cerveza, drogas, nicotina, glotonería, chicles (y cualquier otro problema que usted tenga). Ordeno que todos salgan de mí en el nombre de Jesús". Después se ora por la sanidad de la boca en el nombre de Jesús.

GARGANTA- (Las manos en la garganta). – "Ordeno salir de mi garganta todo espíritu que causa gripas, virus, problemas de la tiroides, gota, laringitis, hinchazón de las glándulas, pólipos, amigdalitis, mala función de la epiglotis o de las cuerdas vocales (y cualquier otro problema que usted tenga). Ordeno que todos salgan de mí en el nombre de Jesús". Después se ora por la sanidad de la garganta y las glándulas.

LA ESPALDA- (Una mano en la espalda y otra en la nuca). - "Ordeno salir de mi nuca y columna todo espíritu que causa dolor, parálisis, curvatura anormal, artritis, reumatismo, bursitis, esclerosis múltiple, todo problema que afecta mi columna, mis vértebras, mi sistema nervioso (y cualquier otro problema que usted tenga). Ordeno que todos salgan de mí en el nombre de Jesús". Después se ora por la sanidad de la nuca, la columna y la espalda.

PECHO- (Las manos en el pecho). – "Ordeno salir de mi pecho todo espíritu que causa problemas del corazón, problemas de los pulmones, presión alta, palpitaciones, crecimiento del corazón, arterioesclerosis, cáncer, tumores, quistes, enfisema, problemas con la respiración, problemas en la sangre, (y cualquier otro problema que usted tenga). Ordeno que todos salgan en el nombre de Jesús". Después se ora por la sanidad de toda el área del pecho.

AREA DEL ESTOMAGO E INTESTINOS – (Las manos allí). - "Ordeno salir todo espíritu que causa mala función del hígado, mala función del bazo, páncreas, sistema linfático, vejiga, riñones, uréteres, intestinos, colon, estómago, órganos reproductivos, espíritus que quieran causar cáncer allí, hemorroides, diverticulitis, impotencia, esterilidad, (y cualquier otro problema que tenga). Ordeno salir de mí todos estos espíritus en el nombre de Jesús". Después se ora por la sanidad de toda esta área del estómago.

Muchas veces, hemos encontrado que los espíritus de hechicería entran en los órganos reproductivos. Hemos ordenado salir de estos órganos espíritus de grupos de brujas de mujeres y grupos de brujos de hombres.

EXTREMIDADES (BRAZOS, PIERNAS, RODILLAS, TOBILLOS, PIES, ETC.) – (Las manos en la parte afectada).- "Ordeno salir de mí todo espíritu que causa irritación de los pies, calambres, espasmos musculares, dolores, artritis, parálisis, derrame en la articulación de la rodilla, várices, problemas de circulación en las venas y arterias, uñas encarnadas, hongos, verrugas, pies planos, juanetes, hinchazón de pies o tobillos (y cualquier otro problema). Ordeno salir de mí todos estos espíritus en el nombre de Jesús". Después, se ora por la sanidad de brazos, manos, dedos, piernas, rodillas, tobillos y dedos de los pies.

PROBLEMAS GENERALIZADOS – Ordeno salir todo espíritu que causa cáncer, lupus, enfermedades cardiovasculares, zóster, enfermedades que afectan la resistencia a las infecciones (como SIDA, leucemia, anemia, linfoma y otros).

Repita su nombre y diga mientras la persona pone las manos en el cuerpo de cabeza a pies: "Sé sano desde la cabeza hasta los pies. Y precioso Espíritu Santo, te pido que entres en mí y me llenes desde la cabeza hasta los pies con todo lo que eres. Amén y Amén". Gracias a Dios, de quien vienen todas las bendiciones.

COMO MANTENER SU LIBERACION

Como los demonios tratan de volver, hay que saber mantener la liberación. Uno tiene que estar lleno del Espíritu Santo, para mantener el nuevo terreno que el Señor le ha dado. Recordemos cómo Dios procedió con los israelitas, cuando les hizo entrega de la tierra de sus enemigos: *"Poco a poco los echaré de delante de ti, hasta que te multipliques y tomes posesión de la tierra"* (Exodo 23:30).

Los que han recibido liberación necesitan aprender cómo mantener libre el terreno ganado contra el enemigo para que no vuelva. De modo que en una sesión solamente se echará fuera cierta cantidad de demonios, y se aplicarán provisiones para que los demonios no entren otra vez. Estas medidas se explican plenamente en mi libro: *"Llaves para Ministrar Liberación y Sanidad"*.

1. Una consagración total a Cristo (Mateo 22:37; Juan 12:26). A menos que la vida esté completamente entregada a Cristo como Señor, la persona seguirá experimentando los problemas de una existencia que se vive en la carne. Los demonios tientan a esta clase de individuos.

2. Hacer morir el yo, o sea, la carne, y vivir una vida crucificada con Cristo, y considerar la naturaleza pecaminosa muerta con Cristo. Así se vencerán el poder del pecado y los problemas mentales (Mateo 10:38; 16:24; Lucas 9:23; 14:26; Filipenses 3:17-19; Romanos 5:10).

3. Obedecer a Dios en vez de solamente obrar para agradarle, y estar bajo una cobertura de alguien a quien rendir cuentas de la vida (Hebreos 13:7,17; 1 Tesalonicenses 5:12).

4. Mantenerse en la Palabra de Dios por medio del estudio de la Biblia (Salmo 1:1-3; 119:9, 11, 105, 165).

5. Usar siempre toda la armadura de Dios y entender por completo su significado (Efesios 6:10-18).

6. Orar en toda circunstancia, con acción de gracias a Dios, alabanza, y adoración (1 Tesalonicenses 5:17; Salmo 100).

7. Mantenerse en comunión con personas que andan bajo la guía del Espíritu (Hebreos 11:24-25).

8. Hacer confesión positiva de fe en cuanto a la obra y poder de Dios para su vida (Marcos 11:22-24; Romanos 10:8-10).

9. Recordar las palabras del Señor Jesús: *"He aquí*

*os doy potestad de hollar serpientes y escorpio-
nes, y sobre toda fuerza del enemigo, y nada os
dañará"* (Lucas 10:19). Los demonios no tienen
poder contra el que permanece en la victoria de
Cristo.

10. No estar en unión desigual con incrédulos (1
    Corintios 6:14; 7:1).

11. Memorizar, apropiarse y entender la posición
    que se tiene en Cristo (Zacarías 3:1-3, 7; Gálatas
    2:20).

12. Confesar inmediatamente todo pecado (Isaías
    59:2; 1 Juan 1:9).

13. Perdonar y olvidar toda ofensa (Mateo 6:14-15;
    7:1-2; 18:15-32; Hebreos 10:17).

14. Tener el hogar en orden divino (1 Timoteo 3:3-13;
    Efesios 5:18-33; 6:14).

15. Someterse a Dios, y resistir al diablo, que se verá
    obligado a huir (Santiago 4:7).

MILAGROS Y SANIDADES DESPUES DE LA LIBERACION

"Y dijo: Si oyeres atentamente la voz de Jehová
tu Dios, e hicieres lo recto delante de Sus ojos,
y dieres oído a Sus mandamientos, y guardares
todos Sus estatutos, ninguna enfermedad de las
que envié a los egipcios te enviaré a ti; porque
Yo soy Jehová tu sanador" (Exodo 15:26).

"Quien llevó él mismo nuestros pecados en Su
cuerpo sobre el madero, para que nosotros,
estando muertos a los pecados, vivamos a la
justicia; y por cuya herida fuisteis sanados"
(1 Pedro 2:24).

La Biblia está llena de las palabras sanadoras de
Dios, que es un Dios sanador. ¿Qué buen padre no
quiere ver a sus hijos sanos y prosperados? Sin
embargo, hay veces en que el enemigo ha afligido al
creyente, y hay que echarlo fuera antes de recibir la
sanidad. En Lucas 13:11-16, Jesús encontró a una

mujer con espíritu de enfermedad, a quien Satanás había atado durante 18 años. Primero, Jesús la liberó de ese espíritu de enfermedad, y después le impuso las manos y se sanó.

Hemos encontrado en nuestro ministerio que algunos de los milagros más grandes han ocurrido después de la liberación. Cuando celebramos seminarios sobre liberación, siempre terminamos con un tiempo de sanidad física y espiritual.

Después de una liberación masiva en San Sepolcro, Italia, mi esposa y yo oramos por sanidad. La gente formó dos filas, una con Evelyn, y otra conmigo. Una señora me presentó su hija de treinta años, ciega de nacimiento. El Espíritu Santo me dijo que la causa de la ceguera era un espíritu de sífilis, que había heredado. Ordené salir en el nombre de Jesús los espíritus de sífilis, maldiciones, enfermedad, y todos los espíritus que había heredado. Los espíritus empezaron a contestarme en italiano, pero les ordené callar en el nombre de Jesús y salir de ella.

La hija tosió fuertemente y después quedó quieta. Oré por su sanidad. Para mi asombro, se levantó de su silla, y empezó a andar sola por primera vez en su vida. Dijo en italiano: "Puedo ver". ¡La mamá se desmayó y el papá empezó a llorar! Mi intérprete y yo nos abrazamos llorando también. De repente, vino una unción poderosa del Espíritu Santo en el lugar de la reunión, y la gente comenzó a recibir sanidad instantáneamente.

Muchos testificaron que podían ver sin sus gafas. Alzaban las gafas con entusiasmo porque ya no las necesitaban. Muchos oídos fueron abiertos y desaparecieron muchas clases de dolores. El cielo bajó y la gloria de Dios llenó el lugar.

La gente quería besar mi mano, pero no lo permití, pero les dije que teníamos que alabar a Dios porque el Espíritu Santo decidió visitarnos y mostrarnos Su gloria. Les dije que el hombre no tenía nada que ver con los milagros, y que todavía yo usaba y necesitaba mis gafas. Después, todos empezamos a adorar al Señor.

Al Espíritu Santo, le gusta la variedad. Después de un culto de liberación en Bogotá, Colombia, no tenía tiempo para orar individualmente por sanidad. Otro culto iba a empezar en quince minutos, en esta iglesia de unas 3.000 personas. Entonces, le pedí al Señor que me mostrara qué hacer. Me dijo que hiciera "la ola". En Estados Unidos "la ola" se hace en algunos estadios, donde la gente empieza a gritar en un extremo del estadio y continúa por todo el estadio hasta que todos estén gritando. Bajé de la plataforma y toqué a cada uno de los que estaban en las primeras filas en los tres lados de la plataforma. Le dije a cada uno: "Sé sano en el nombre de Jesús". Después, dije a la gente a quien yo había tocado que se volviera y orara por las personas que estaban detrás, hasta que todos en la iglesia hubieran recibido el toque y la oración de alguien. Al final, pedí que se pusiera de pie toda persona que había sido sana. Centenares se pusieron de pie, y muchísimos en el tiempo que quedaba dieron testimonio de las sanidades y milagros que ocurrieron. Se abrieron oídos, los ojos se sanaron, y desaparecieron muchos dolores de muchos cuerpos.

Sylvia, una hermana colombiana, me llamó cuando yo vivía en Miami, dijo que había oído de mi ministerio, y que necesitaba ayuda. Su hijo de tres años había empezado a blasfemar, a jurar, y a sacudir con violencia la cabeza. Sylvia quería ir a mi casa, pero como yo iba de viaje, no había tiempo para eso. Entonces le dije que Dios también puede obrar por teléfono.

Al orar por el niño, el Espíritu Santo me dijo que la condición del niño se debía a una maldición indígena que había sido puesta sobre la familia. Ordené que fuera cancelada la maldición y que salieran los espíritus malignos del niño en el nombre de Jesús. Bendije a la señora en el nombre de Jesús y me despedí. Seis meses más tarde, Sylvia estaba otra vez en Miami, y me llamó. Dijo que desde que oré por su hijo, había estado bien. Quería saber más sobre el ministerio de liberación, entonces llegó a la casa con su amiga María. Mi esposa y yo les ministramos, las dos recibieron liberación, fueron bautizadas en el Espíritu Santo, y hablaron en lenguas. Cuando volvieron a Colombia, les pidieron que salieran de la iglesia donde se congregaban. Sylvia me llamó desde Colombia para pedirme consejo. Le dije que se uniera a una iglesia que creyera en todo lo que está escrito en la Biblia, incluyendo liberación, el bautismo en el Espíritu Santo, y el hablar en lenguas. Ella se unió a una pequeña iglesia en Cali, Colombia. Después, su pastor me pidió ir a Cali, para enseñar sobre liberación. Así empezó mi ministerio en América Latina. ¡Gloria a Dios!

Cuando mi esposa y yo fuimos por primera vez a esa pequeña iglesia de Cali, solamente asistían unas 150 personas, pero al final de nuestra permanencia de cinco semanas, la iglesia estaba repleta hasta no caber más.

Después de las reuniones de liberación masiva, orábamos por sanidad. Nunca olvidaré la emoción de la sanidad de una niña sorda, cuando Evelyn oró por ella. La gente llegaba porque vio los milagros que el Señor Jesús hacía. Los sordos oían, los ciegos veían, y los cojos saltaban. Al año siguiente, cuando volvimos, las reuniones se celebraban en un auditorio donde cabían casi mil personas. ¡Gloria y alabanza al Señor!

3

Liberación de espíritus mencionados en la Biblia

OCHO FORMAS PARA SER LIBERADO

Hay muchas formas de obtener liberación, y los que ministran en esta área enseñan diversos métodos. No existe un procedimiento fijo. A continuación presento ocho de las formas más efectivas para ser liberado.

1. INVOCANDO EL NOMBRE DEL SEÑOR

"Porque todo el que invocare el nombre del Señor, será salvo". (Romanos 10:13)

La palabra *Salvo* en griego significa "Sozo". Su significado, incluye varios conceptos que son: salvo, sano, liberado, y restaurado como ser completo. De modo que al invocar el nombre del Señor tú puedes ser liberado, salvo y sano. Para éste fin, la oración más eficaz es: "Jesús ayúdame, libérame". *La liberación es el pan de los hijos* (Mateo 15:26). Nos pertenece, porque somos los hijos de Dios. En Abdías 1:17 el profeta dice, *"Mas en el monte de Sion habrá un remanente que se salve; y será santo, y la casa de*

Jacob recuperará sus posesiones". El Monte de Sion es el lugar donde el pueblo de Dios recibe liberación y obtiene las promesas de Dios.

2. MEDIANTE LA PALABRA DE DIOS

> "Envió Su palabra, y los sanó, y los libró de su ruina", (Salmo 107:20)

Tú puedes ser libre y sano por medio de la Palabra de Dios, leyendo la Palabra, escuchando la Palabra, y declarando la Palabra, porque Jesús es la Palabra de Dios y El está en Su Palabra para cumplirla.

En nuestro viaje reciente a Italia, había un hombre que tenía muchos espíritus de violencia. El hombre se paseaba por la alcoba golpeando las sillas y destruyendo. Ordenamos a ese espíritu que fuera atado. El hombre cayó al suelo gruñendo como un animal. Pedí que mi ayudante leyera el Salmo 18 en italiano, y mientras lo leía, el hombre se calmó. Al levantarse del piso, le dije que leyera estos tres salmos: 18, 27, y el 91, cada día, para ser liberado del espíritu de violencia y del espíritu de animal.

¿Cómo podía tener un espíritu de animal? Pudo haber desarrollado un afecto excesivo por algún animal, o aún haber practicado sexo con un animal. Hemos echado fuera espíritus de perro, gato y caballo, de las personas. Muchas veces, al salir estos espíritus, hacen ruidos como los animales representados: ladran como un perro, maúllan con un gato, o relinchan como un caballo.

3. SOMETIENDOSE A DIOS Y RESISTIENDO AL DIABLO

> "Someteos, pues, a Dios; resistid al diablo, y huirá de vosotros. Acercaos a Dios, y El se acercará a vosotros". (Santiago 4:7-8)

Dile "NO" al diablo. Dile, "No escucharé tus sugerencias". Note lo que dice la Escritura. Acércate a

Dios y El se acercará a ti. Si Dios está cerca de ti, el diablo huirá lejos.

4. ECHANDOLE FUERA, EN EL NOMBRE DE JESUS

"Y estas señales seguirán a los que creen: En mi nombre echarán fuera demonios; hablarán nuevas lenguas". (Marcos 16:17)

Esta es una profecía, una declaración, y un mandamiento. Jesús quiere que le sigamos. El quiere que echemos fuera demonios, hablemos en nuevas lenguas y que impongamos manos sobre los enfermos para su sanidad.

Observa que la primera señal es echar fuera a los demonios. Si tú eres creyente, y no estás echando fuera demonios, algo te hace falta. Primero deberías estar echando fuera demonios de tu propio templo, después, los del templo de otros. Como dice el antiguo himno, tú deberías decirte a ti mismo: "Oh Señor: soy yo, soy yo, el necesitado de oración". Conozco a muchas personas que dicen: "Es mi esposo", o "Es mi esposa, la que necesita liberación". Pero en realidad, ellos mismos son los que necesitan enderezar su vida con el Señor y recibir liberación.

5. EL MORIR AL VIEJO HOMBRE

"Cuando los caminos del hombre son agradables a Jehová aun a sus enemigos hace estar en paz con El", (Proverbios 16:7).

Entonces, haz que tus caminos sean agradables al Señor. Muere a la vieja naturaleza, muere a la carne, porque ningún demonio puede vivir en carne muerta. La gente a veces me pregunta: ¿Qué porcentaje de las personas necesitan liberación? Les contesto que ocho de cada siete necesitan liberación, pero también les digo que si uno verdaderamente muere al Yo, no estará abierto a la opresión demoniaca. Los demonios no quieren vivir en carne muerta. Ellos quieren vivir en nuestra naturaleza carnal, para poder hacer su obra.

El problema con algunas personas es que hacen lo que quieren, porque así les place. Alrededor del 90% de las veces, el problema de las personas proviene de su naturaleza carnal, sin tener nada que ver con los demonios. No podemos liberar a una persona de su propia carne. Ojalá que fuera posible. Así se solucionarían muchos problemas, pero lo que requiere la carne es la crucifixión.

> "Con Cristo estoy juntamente crucificado, y ya no vivo yo, más Cristo vive en mí, y lo que ahora vivo en la carne, lo vivo en la fe del Hijo de Dios, el cual me amó y se entregó a Sí mismo por mí". (Gálatas 2:20)

Lo que nuestro Padre Dios busca es una vida que esté muerta a la antigua naturaleza.

Algunas personas me han preguntado, "Si tengo al Espíritu Santo, ¿cómo puede un espíritu maligno estar dentro de mí?" Posiblemente, hay áreas de tu vida que no has rendido al señorío de Jesús, al igual que algunas áreas donde se necesita un arrepentimiento. Mi libro: *"Puede un Cristiano tener un demonio"*, trata este tema ampliamente.

6. LA ALABANZA Y LA ADORACION

> "Tu eres mi refugio; me guardarás de la angustia; con cánticos de liberación me rodearás", (Salmo 32:7)

Aquí está una manera de recibir liberación que representa un gozo para el Señor. El cantar canciones de alabanza y adoración puede traer liberación. Mientras hablas o cantas alabanzas al Señor, los demonios huyen, porque odian la adoración al Señor.

> "Regocíjense los santos por Su gloria, y canten aun sobre sus camas. Exalten a Dios con sus gargantas, y espadas de dos filos en sus manos, para ejecutar venganza entre las naciones, y castigo entre los pueblos; para aprisionar a sus reyes con grillos, y a sus nobles con cadenas de hierro; para ejecutar en ellos el juicio decretado;

gloria será esto para todos sus santos". (Salmo
149: 5-9)

Entonces, cuando alabamos al Señor, estamos
atando a principados y potestades y ahuyentando a
los espíritus demoniacos a huir en diferentes direc-
ciones. Observa que todos sus santos tienen este
privilegio. Es honor el que podamos echar fuera
demonios.

Si tú necesitas liberación, lo primero que te recomiendo es cantar alabanzas a nuestro Dios. Que
suenen las alabanzas a Dios especialmente en caso
de sentirte deprimido o triste. Háblale a tu alma
como lo hizo David en los salmos cuando dijo: *"Bendice alma mía a Jehová"*, (Salmo 103). Cambia tus
pensamientos y tu mente cantando un hermoso
himno.

7. MANOS ADIESTRADAS PARA LA GUERRA

"Bendito sea Jehová, mi Roca, quien adiestra
mis manos para la batalla, y mis dedos para la
guerra". (Salmo 144:1)

Hace algún tiempo, mi esposa Evelyn y yo estábamos ministrando en una iglesia en Inglaterra.
Cuando una señora joven pidió oración. Manifestó
que había experimentado mucho dolor en la espalda,
durante muchos años. Había hecho de todo: oración, ayuno, atención médica, pero sin alcanzar alivio, pues el dolor persistía.

Cuando oramos por el dolor en la espalda, muchas veces encontramos que la persona tiene una
pierna más corta que la otra, y eso indica que hay un
desequilibrio muy notorio, entre la cadera y la columna. Entonces, pedí que se sentara en una silla, para
medirle sus piernas. Encontré que tenía una pierna
más corta que la otra; oramos y la pierna creció hasta
igualar a la otra. Más el dolor siguió. Le pedí que
perdonará a todos los que le habían ofendido. Dijo

que lo había hecho, pero que volvería a hacerlo. Sin embargo, el dolor persistía.

Entonces, oré y pedí al Espíritu Santo que me diera una palabra de ciencia y de discernimiento de espíritus. Me vino la palabra: "Sacar el dardo de fuego puesto allí por el diablo". Nunca había hecho algo parecido, pero obedecí al Espíritu Santo. Cuando oigo una palabra que pienso que es del Señor, actúo según ella. Puede ser que me equivoque, pero confío que es el Señor que me ha hablado.

Sabiendo lo que Efesios 6 dice, acerca del escudo de la fe que apagará los dardos del fuego del maligno, le dije a la joven: "Voy a poner mi mano en su nuca y a deslizarla por su espalda. Por favor indíqueme dónde está concentrado el dolor. Lo hice, y ella dijo, "Ahí".

Así es que, con un movimiento de mano como arrancando algo, dije: "Te saco este dardo de fuego en el nombre de Jesús". Cuando dije esto, ella gritó: "¡Salió, se fue, se fue el dolor!"

El dolor que había sufrido por años desapareció. ¡Gloria a Dios! Era un dardo de fuego, puesto allí por una bruja para atormentar a esta joven. Pablo habla de esto: *"Sobre todo, tomad el escudo de la fe, con que podáis apagar todos los dardos de fuego del maligno".* (Efesios 6:16)

El Salmo 18:34 dice que adiestrará mis manos para la guerra y mis dedos para la batalla. Cuando el Espíritu Santo me guía, obedezco Su voz. En cierta ocasión, el Espíritu Santo me orientó, en el nombre de Jesús, a imponer manos sobre una persona con hernia y el Señor cerró la herida en la pared del estómago de ese hombre.

Hemos ministrado a muchos que han tenido problemas con espíritus de "íncubo", o sea, espíritus malignos que toman forma de hombre para tener relaciones sexuales con mujeres solteras (el espíritu de "súcubo" toma forma de mujer y busca tener relaciones sexuales con los hombres). Algunas de estas mujeres aún han llegado a sentir un embarazo espiritual, con los síntomas de un bebé moviéndose en su vientre, sin haber en realidad nada allí. "El adiestra mis manos para la batalla y mis dedos para la guerra".

8. ORACION E IMPOSICION A PAÑITOS DE TELA

"Y hacía Dios milagros extraordinarios por mano de Pablo, de tal manera que aún se llevaban a los enfermos los paños o delantales de su cuerpo, y las enfermedades se iban de ellos, y los espíritus malos salían". (Hechos 19:11-12)

Tú puedes recibir sanidad o liberación a través de pañitos de tela sobre los cuales han orado. El Señor dijo a mi esposa, Evelyn, que orara durante siete horas en el Espíritu imponiendo las manos sobre pedazos de tela que yo había cortado en forma de cuadros. Los dos llevamos estos paños de oración por los diferentes lugares donde ministramos.

Hemos recibido testimonios maravillosos de gente que ha usado estos paños de oración. La esposa de un médico puso uno de estos dentro de la funda de la almohada de su esposo. Al cabo de un mes, él dejó de tomar, y empezó a acompañarle a la iglesia. Le di otro a un joven italiano llamado Franco, quien me había contado que siete espíritus conocidos se comunicaban con él. Después, me dijo que el paño le dio la sensación de calor y él sintió que le quemó toda la noche. Durante ese tiempo había tosido y trasbocado, recibiendo liberación al utilizar el pañuelo de oración.

Podría contarles muchos casos más, donde Dios honró el uso de pañitos de oración. Sin embargo, le enfatizamos a la gente que deben recordar que solamente son pedacitos de tela, y no tienen nada de santo o mágico. Es la Palabra de Dios en Hechos 19:11-12 que se activa cuando un pañito de oración

entra en contacto con la persona para la cual ha sido
dirigido intencionalmente.

II ALGUNOS ESPIRITUS MENCIONADOS EN LA BIBLIA

1. El espíritu de Fornicación .... Oseas 4:12
2. El espíritu de Soberbia .... Proverbios 16:18-19
3. Espíritu de Mentira .... 2 Crónicas 18:18-22
4. Espíritu Perverso de Vértigo (mareo).........................
    .... Isaías 19:13-14
5. Espíritu de Celos .... Números 5:12-14
6. Espíritu de Angustia (pesadez).............. Isaías 61:1-3
7. Espíritu de Esclavitud .... Romanos 8:15
8. Espíritu Sordo y Mudo..................... Marcos 9:25-26
9. Espíritu de Enfermedad.................... Lucas 13:11-13
10. Espíritus de Tormento .... Apocalipsis 9:7-11
    .... Jeremías 20:3b
11. Espíritus de Temor............................ 2 Timoteo 1:7
    .... 1 Timoteo 4:1-3
12. Espíritus de Engaño .... Gálatas 3:1
13. Espíritu de Sueño Profundo................ Isaías 29:9-10
14. Espíritu de Estupor...........................Romanos 11:8
15. Espíritu de Anticristo .... 1 Juan 4:2-3
16. Espíritus Religiosos............................... 2 Reyes 18:4
17. Espíritu de Congoja (aflicción)......... 1 Samuel 16:14

4

Algunos espíritus mencionados en la Biblia

ESPIRITU DE FORNICACION

"Mi pueblo a su ídolo de madera pregunta, y el leño le responde; porque espíritu de fornicaciones lo hizo errar, y dejaron a su Dios para fornicar". (Oseas 4:12)

Qué les motivó a errar y adorar a ídolos de madera? Fue un espíritu de fornicación. Dios odia el adulterio espiritual más que cualquier otra cosa. El seguir a otro dios, o poner un dios o ídolo en el lugar de nuestro Padre Dios, es adulterio espiritual. Nuestro Dios es un Dios celoso. No nos compartirá con ningún otro Dios. Uno de Sus nombres es Celoso.

Si Su pueblo sigue lujuriosamente los horóscopos o adivinación, aún en broma, nuestro Dios es celoso. Algunas personas dicen: "Yo realmente no creo en eso, sólo lo hago por diversión". Bueno, puede ser así, pero el diablo se aprovecha de la oportunidad mientras la gente "se está divirtiendo". Los espíritus malignos pueden entrar en esas personas, porque han cometido adulterio espiritual. Cuando entra el espíritu de fornicación, muchas veces trae a toda su familia consigo, o sea, todo el grupo de espíritus relacionados con él. Un espíritu maligno casi nunca entra solo.

ESPIRITU DE SOBERBIA

> "Antes del quebrantamiento es la soberbia, y antes de la caída la altivez de espíritu. Mejor es humillar el espíritu con los humildes que repartir despojos con los soberbios". (Proverbios 16:18-19)

El espíritu de soberbia pertenece a la familia del orgullo. Esta familia también incluye la justicia por su propia cuenta, murmuraciones, vanidad, burla, y egoísmo. El carácter de Lucifer era el ORGULLO- el hacer su propia voluntad. El dijo en Isaías 14:13-14, *"Subiré al cielo; en lo alto, junto a las estrellas de Dios, levantaré mi trono, y en el monte del testimonio me sentaré, a los lados del norte; sobre las alturas de las nubes subiré, y seré semejante al Altísimo".* Esta criatura quería ser igual al Creador. Quería recibir adoración como Dios.

La Contienda también viene por el orgullo (Proverbios 13:10). Estos espíritus muchas veces se manifiestan cuando tú discutes y peleas con tu cónyuge, tú quieres tener la última palabra, quieres tener siempre la razón, te crees perfecto.

Contrario a estas actitudes, el carácter de Jesús se puede resumir en los frutos del Espíritu Santo, que son amor, gozo, paciencia, benignidad, bondad, fe, mansedumbre, y dominio propio (Gálatas 5:22-23). Proverbios 16:19 declara que es mejor tener un espíritu humilde.

ESPIRITU DE MENTIRA

En 2 de Crónicas 18, el rey Josafat y el rey Acab unieron sus ejércitos para pelear contra Ramot de Galaad. Cuando Josafat quería oír hablar a un profeta de Dios, llamaba a Micaías para inquirir al

Señor. Pero Acab se quejó de que Micaías nunca decía nada bueno acerca del rey Acab.

> *Micaías, en 2 Crónicas 18:18-22 dice: "Oíd, pues, palabra de Jehová: Yo he visto a Jehová sentado en Su trono, y todo el ejército de los cielos estaba a Su mano derecha y a Su izquierda. Y Jehová preguntó: ¿Quién inducirá a Acab rey de Israel, para que suba y caiga en Ramot de Galaad? Y uno decía así, y otro decía de otra manera. Entonces salió un espíritu que se puso delante de Jehová y dijo: Yo le induciré. Y Jehová le dijo: ¿De qué modo? Y él dijo: Saldré y seré ESPÍRITU DE MENTIRA en la boca de todos Sus profetas. Y Jehová dijo: Tú le inducirás, y lo lograrás, anda y hazlo así. Y ahora, he aquí Jehová ha puesto espíritu de mentira en la boca de tus profetas; pues Jehová ha hablado el mal contra ti".*

Es muy posible que un solo hombre tuviera la razón y 400 estuvieran equivocados. Los 400 podrían tener un espíritu de mentira en ellos. La mayoría podría estar de acuerdo, pero podían estar equivocados. Si el Señor te da una palabra, mantente firme en esa palabra.

Yo creo que Dios nos da un ángel guardián para guiarnos en Su camino. El diablo también nos asigna un ángel inmundo para guiarnos en el camino de él. Esto lo logra con mentiras y verdades a medias. A veces nos envía un espíritu para decirnos al oído, "Este es el camino...camina por aquí". Mientras que el santo ángel de Dios, quien es un espíritu ministrador, dice: "No, anda por aquí". ¿Cómo puedes discernir quién está hablando? La voz del espíritu diabólico es fuerte e insistente, y no te da oportunidad de orar o pensar en forma racional. Por el contrario, la voz de Dios es suave y discreta dentro de ti, guiándote pacíficamente.

Existe otro espíritu maligno que a menudo acompaña a los espíritus de mentira: es el espíritu de Jezabel. Este espíritu ataca a los líderes de la iglesia.

Creo que cuando Dios establece una iglesia, el diablo envía un espíritu de Jezabel para destruir esa iglesia. Si un pastor escucha a una Jezabel, puede dividir o destruir una congregación entera. Por eso es tan importante orar por tu pastor.

ESPIRITU PERVERSO DE VERTIGO

"Se han desvanecido los príncipes de Zoán, se han engañado los príncipes de Menfis; engañaron a Egipto los que son la piedra angular de sus familias. Jehová mezcló ESPIRITU DE VERTIGO en medio de él; e hicieron errar a Egipto en toda su obra, como tambalea el ebrio en su vómito. (Isaías 19:13-14)

¿Qué mezcló el Señor en medio de ellos? Un espíritu de vértigo. Y ¿qué efecto tiene este espíritu? Causó en Egipto el errar en todas sus obras. La gente fue engañada.

Si tú observas fracaso tras fracaso en tu vida, y parece que nada te sale bien; si tú ganas un buen sueldo pero es como meter el dinero en saco roto; si una cosa y otra salen mal, es muy posible que un espíritu de vértigo esté operando en tu vida.

ESPIRITU DE CELOS

"Habla a los hijos de Israel y diles: Si la mujer de alguno se descarriare, y le fuere infiel, y alguno cohabitare con ella, y su marido no lo hubiese visto por haberse ella amancillado ocultamente, ni hubiere testigo contra ella, ni ella hubiere sido sorprendida en el acto; si viniere sobre él espíritu de celos, y tuviere celos de su mujer, habiéndose ella amancillado o viniere sobre él espíritu de celos, y tuviere celos de su mujer, no habiéndose ella amancillado". (Números 5:12-14)

El espíritu de celos está relacionado con la auto-idolatría, porque solo Dios tiene derecho a tener celos. Con este espíritu pueden entrar otros espíritus como ira, rabia, violencia, homicidio y amenazas.

ESPIRITU DE LUTO

Después que Jesús recibió el Espíritu Santo, ayunó durante 40 días en el desierto. Posteriormente, según Lucas 4:18, El entró en la sinagoga y leyó el pasaje de Isaías 61:1-3:

> "El Espíritu de Jehová el Señor está sobre mí, porque me ungió Jehová; me ha enviado a predicar buenas nuevas a los abatidos, a vendar a los quebrantados de corazón, a publicar libertad a los cautivos, y a los presos apertura de la cárcel; a proclamar el año de la buena voluntad de Jehová, y el día de venganza del Dios nuestro; a consolar a todos los enlutados; a ordenar que a los afligidos de Sion se les dé gloria en lugar de ceniza, óleo de gozo en lugar de luto, manto de alegría en lugar de ESPIRITU ANGUSTIADO; y serán llamados árboles de justicia, plantío de Jehová, para gloria Suya".

El Señor me habló un día mientras conducía el auto, en Miami hace algunos años, y me dijo: "Frank, quiero que vivas los principios de Lucas 4:18, y que compartas con Mi cuerpo que ellos también deben andar en ellos.

¿Qué es el espíritu de angustia (o pesadez) y cómo nos impide vivir según Lucas 4:18? Nos roba el gozo del Señor y el fruto del Espíritu Santo. Los que quieren tener el gozo del Señor en su vida, primero tienen que liberarse de ese espíritu maligno.

ESPIRITU DE ESCLAVITUD

> "Pues no habéis recibido el espíritu de esclavitud para estar otra vez en temor, sino que habéis recibido el espíritu de adopción, por el cual clamamos: ¡Abba Padre!" (Romanos 8:15)

Algunos de nosotros vivimos esclavos de muchos temores, a alguna clase de adicción, ataduras de lujuria, espíritus familiares, espíritus de íncubo o súcubo, ataduras de hábitos como el comerse las uñas, o ataduras a tradiciones religiosas erróneas.

Jesús dijo que conoceremos la verdad y la verdad nos hará libres, libres para amarle, conocerle, y servirle. Dios quiere que seamos libres y no esclavos de nada ni de nadie.

Usted puede ordenar salir, en el nombre de Jesús, a los espíritus de ataduras al alcohol y a la nicotina, pero a menos que también ordenes salir el espíritu de adicción, los otros espíritus volverán. O pueden convertirse en otras ataduras, como la ansiedad de comer golosinas.

ESPIRITU SORDO Y MUDO

> "Y cuando Jesús vio que la multitud se agolpaba, reprendió al espíritu inmundo, diciéndole: espíritu SORDO Y MUDO, yo te mando, sal de él, y no entres más en él. Entonces el espíritu, clamando y sacudiéndole con violencia, salió, y él quedó como muerto, de modo que muchos decían: Está muerto. Pero Jesús, tomándole de la mano, le enderezó; y se levantó". (Marcos 9:25-26)

Cuando Jesús bajó del monte de la transfiguración, vio a sus discípulos tratando de echar fuera un espíritu malo de un muchacho epiléptico sin poder lograrlo. Jesús se dirigió al padre del muchacho y el padre dijo, "Creo, ayuda mi incredulidad". Después, Jesús le ordenó al espíritu mudo y sordo que saliera del muchacho. Este espíritu inmundo reaccionó tirándole al suelo, donde quedó como muerto. Cuando Jesús le tomó de la mano, se levantó completamente sano. Después, Jesús dijo a los discípulos que este género de espíritu sólo salía con ayuno y oración.

Hemos encontrado espíritus malos que no quieren salir. Por tal motivo instruimos a la gente en cuanto al ayuno y la oración. Nosotros también hemos tenido que ayunar y orar. Después, cuando ordenamos a los espíritus que salgan, estos salen.

Soy producto de la capacitación que recibí durante el desempeño de mi trabajo, aprendiendo muchas cosas a través de ensayos y a veces equivocaciones. Hace muchos años, cuando era nuevo en el Espíritu Santo y comenzaba a aprender sobre el echar fuera a los demonios, oré por una señora sorda. Ella recibió sanidad, y se sintió gozo en la reunión. Sin embargo, tres semanas después, su esposo me llamó y me contó que su esposa otra vez estaba sorda. Pedí que la pasara al teléfono y oré por ella. Nuevamente ella fue sanada, pero tres días después pasó lo mismo. Oré por ella otra vez, y esta vez, nada pasó. No supe el porqué.

No sabía lo que había pasado hasta que tuve la oportunidad de oír al pastor Don Basham (ya fallecido) en su seminario sobre liberación. El enseñó que a veces es necesario echar primero fuera a un espíritu malo antes de orar por sanidad. También leyó el pasaje de Lucas 13:11-13 donde Jesús liberó a una mujer con un ESPIRITU DE ENFERMEDAD. Si Jesús dice que existe un espíritu de enfermedad, entonces es así.

Tres cosas pasaron en este pasaje. En el versículo 11, Jesús reconoció que la raíz del problema era espiritual; en el versículo 12, liberó a la mujer del espíritu; y en el versículo 13, puso las manos sobre ella, y ella fue sanada. Ahora, cuando oro por problemas de sordera, siempre tomo la precaución de echar primero fuera el espíritu mudo y sordo.

Mi esposa y yo hemos visto que se sanan muchos sordomudos. En una ocasión cuando estaba ministrando en compañía del pastor Frank Hammond en Inglaterra, el Señor me mostró que cuando el Espíritu Santo se manifiesta en mí puedo orar por los sordos. También he visto ciegos que reciben la vista. En Italia, oré por una señora de 30 años que había nacido ciega. Después le ordené al espíritu de sífilis que saliera fuera de ella, y posteriormente oré por su sanidad, por primera vez en su vida, ella pudo ver. La mayoría de los milagros más grandes que hemos visto han ocurrido después de ministrar liberación.

En Bogotá, Colombia, dictamos un seminario de liberación a unas 1.500 personas. Les prometí orar por sanidad después de practicar la liberación. Acostumbro orar por las personas imponiendo mis manos sobre ellas. Pero con tanta gente, pedí al Espíritu Santo que me diera palabra de conocimiento. Sentí que el Espíritu Santo me dijo: "Está quieto, Yo lo voy a hacer".

Pedí al director de la alabanza que nos guiara en un tiempo de adoración (cuando dudes, alaba al Señor). Después de un rato, pedí a la gente levantar las manos si habían recibido sanidad. Centenares alzaron las manos. En mi vida nunca había visto tanta variedad de milagros y sanidades. Una señora dejó su silla de ruedas, otra persona nos mostró cómo el Señor había restaurado sus dientes donde necesitaba cinco calzas.

Una joven salió de la iglesia desanimada porque no había recibido sanidad. Al momento de salir por la puerta, se sanó de la ceguera que padecía en un ojo, ella volvió a la iglesia para testificar. Todas las sanidades ocurrieron sin tocar a nadie. Oh, Señor, queremos ver esto todo el tiempo, donde nadie reciba la Gloria sino Dios.

———————————

Visitamos Colombia más o menos una vez al año. Tengo tres libros traducidos al español, y por eso, me conocen en varias ciudades Colombianas. En Cali, oré por una señora joven con un cáncer muy doloroso en los huesos. Los médicos le dijeron que solamente viviría unos pocos meses. Le pedí que me mostrara dónde le dolía más, y me indicó la parte de la cadera. Le pedí permiso para imponer mis manos, y me dijo, "Sí". Tan pronto como lo hice, sentí el poder de Dios llegar a mis manos, y le dije: "Hermana, estás recibiendo sanidad". Con lágrimas rodando por sus mejillas, me dijo, "Sí, lo sé; el dolor está saliendo". El dolor desapareció de su cuerpo. La joven era amiga de nuestra anfitriona, a quien llamaremos María, y era la directora de enfermeras de un hospital. El esposo de María era inconverso, se impresionó tanto que decidió asistir a una de mis reuniones. El Espíritu Santo sana según Su voluntad, y usa vasos de barro como tú y yo para que seamos sus instrumentos.

ESPIRITU DE TORMENTO

"El aspecto de las langostas era semejante a caballos preparados para la guerra; en las cabezas tenían como coronas de oro; sus caras eran como caras humanas; tenían cabello como cabello de mujer; sus dientes eran como de leones; tenían corazas como corazas de hierro; el ruido de sus alas era como el estruendo de muchos carros de caballos corriendo a la batalla; tenían colas como de escorpiones, y también aguijones; y en sus colas tenían poder para dañar a los hombres durante cinco meses. Y tienen por rey sobre ellos al ángel del abismo, cuyo nombre en hebreo es Abadón, y en griego, Apolión". (Apocalipsis 9:7-11)

Aquí, Juan describe la apariencia y las acciones de los demonios. *"A los que no tuviesen el sello de Dios en sus frentes...les fue dado, no que los matasen, sino que los atormentasen cinco meses"*, (Apocalipsis 9:4-5) y ellos estaban bajo el control de su rey, el ángel del abismo, cuyo nombre en hebreo es Abadón, y en el griego Apolión.

Algunas personas del pueblo de Dios constantemente están atormentadas por temor, preocupación, enfermedad, depresión, soledad, o aun todos estos juntos, hasta el punto de desear la muerte. Cuando estos problemas son constantes, es probable que se deban a un espíritu de tormento.

ESPIRITU DE TEMOR

Un espíritu que creo es un principado de temor se menciona en Jeremías 20:3b: *"Jehová no ha lla-*

mado a tu nombre Pasur, sino Magor-misabib". Este nombre quiere decir "terror por todas partes".

Otra cita donde encontramos nombrado el espíritu de temor es en 2 Timoteo 1:7, *"Porque no nos ha dado Dios espíritu de cobardía (temor), sino de poder, de amor y de dominio propio".* El nos ha dado un espíritu de poder, un espíritu de amor, y un espíritu de mente sana. Cualquier temor paralizante o persistente puede ser causado por un demonio.

ESPIRITU DE ENGAÑO

> "Pero el Espíritu dice claramente que en los postreros tiempos algunos apostatarán de la fe, escuchando a espíritus engañadores y a doctrinas de demonios; por la hipocresía de mentirosos que, teniendo cauterizada la conciencia, prohibirán casarse, y mandarán abstenerse de alimentos que Dios creó para que con acción de gracias participasen de ellos los creyentes y los que han conocido la verdad". (1 Timoteo 4:1-3)

Estamos en "los últimos tiempos", y vemos que estas cosas suceden hoy. La gente está involucrada en muchas doctrinas de la "Nueva Era". El movimiento de la Nueva Era es del diablo. Esta enseña sobre la reencarnación, el canalizar la visualización, la evolución, misticismo oriental, humanismo, un orden mundial, y futurismo. El canalizar quiere decir estar poseído por un espíritu guía. La visualización que se usa por los de la Nueva Era quiere decir, "Lo que la mente puede concebir, la mente puede alcanzar". El Globalismo significa que todos pertenecemos a una sola familia mundial. Futurismo quiere decir: "olvídese del pasado, el mundo para ti empieza ahora". Los de la Nueva Era usan cristales como amuletos, artículos de poder, o aún peor, estos se convierten en una puerta para la entrada de espíritus guías (demonios) para darles conocimiento. Los conceptos de la Nueva Era se han infiltrado en muchas áreas de nuestra vida.

> "¡Oh Gálatas insensatos! ¿quién os fascinó para

no obedecer a la verdad, a vosotros ante cuyos ojos Jesucristo fue ya presentado claramente entre vosotros como crucificado?" (Gálatas 3:1)

Tú puedes estar "fascinado" (hechizado) por los medios de comunicación, por lo que lees, lo que oyes, lo que ves, aun por programas en emisoras cristianas. Entonces, debes edificar en tu mente y corazón una mayor intolerancia hacia lo malo, lo engañoso, y lo pecaminoso. Si los cristianos de Gálatas se dejaron hechizar, nosotros también podemos ser hechizados.

ESPIRITU DE SUEÑO PROFUNDO

"Deteneos y maravillaos; ofuscaos y cegaos; embriagaos, y no de vino; tambalead, y no de sidra. Porque Jehová derramó sobre vosotros espíritu de sueño (profundo), y cerró los ojos de vuestros profetas, y puso velo sobre las cabezas de vuestros videntes". (Isaías 29:9-10)

¿Alguna vez has tratado de leer la Biblia y no entiendes lo que lees? Te has dormido en los cultos? ¿Hay confusión y olvido en tu vida? Duermes demasiado? Tal vez te preguntarás porqué Isaías dice que el Señor ha derramado este espíritu. Siguiendo hasta el versículo 13, vemos que fue debido a que la gente se acercaba y le honraba con sus labios, pero su corazón estaba lejos de El. Si tú tienes alguno de los problemas mencionados arriba, es posible que tengas un espíritu de sueño profundo.

ESPIRITU DE ESTUPOR

"Como está escrito: Dios les dio espíritu de estupor, ojos con que no vean y oídos con que no oigan, hasta el día de hoy". (Romanos 11:8)

Aquí, Pablo está refiriéndose a los israelitas que, por causa de su incredulidad, fueron desgajados del olivo (verso 17) hasta que haya llegado la plenitud de los gentiles (verso 25). Este espíritu de estupor es diferente al espíritu de sueño profundo. Según el diccionario, estupor significa una condición bajo la cual los sentidos están entorpecidos por drogas, licor u obstinación. Este espíritu puede existir en una persona que encuentra dificultad en el aprendizaje, que está atrasada, lenta de habla, lenta en entender, retardada, o torpe.

ESPIRITU DE ANTICRISTO

"En esto conoced el Espíritu de Dios: Todo espíritu que confiesa que Jesucristo ha venido en carne, es de Dios; y todo espíritu que no confiesa que Jesucristo ha venido en carne, no es de Dios; y este es el espíritu del anticristo, el cual vosotros habéis oído que viene, y que ahora ya está en el mundo". (1 Juan 4:2-3)

Cualquier espíritu que sustituye el señorío de Cristo por otra cosa, es un espíritu del anticristo. Las personas que siempre tienden a mandar en todo y quieren controlar a los demás pueden necesitar liberación de este espíritu.

"Seis cosas aborrece Jehová, y aun siete abomina Su alma; los ojos altivos, la lengua mentirosa, las manos derramadoras de sangre inocente, el corazón que maquina pensamientos inicuos, los pies presurosos para correr al mal, el testigo falso que habla mentiras, y el que siembra discordia entre hermanos". (Proverbios 6:16-19)

Observamos que el primero en la lista es el ORGULLO, sigue la LENGUA MENTIROSA, y tercero, MANOS DERRAMADORAS DE SANGRE INOCENTE (esto incluye el aborto, los que practican abortos en una clínica, o que animan a votar por un candidato que está a favor del aborto. Cualquiera que esté de acuerdo en que una persona aborte es culpable de sangre inocente). Cuarto en la lista es EL CORAZON QUE MAQUINA PENSAMIENTOS INICUOS (la gente que conspira para la división de una iglesia, el espíritu de Jezabel). Quinto son LOS PIES PRESUROSOS PARA CORRER AL MAL (gente que fácilmente se compromete con lo malo). El sexto es EL TESTIGO

FALSO QUE HABLA MENTIRAS, y el séptimo es EL QUE SIEMBRA DISCORDIA ENTRE HERMANOS, (el calumniador que no está contento si no dice algo malo de alguien y lo hace bajo el pretexto: "Tenemos que orar por el hermano Fulano; no te digo qué hizo, pero hay que atar ese espíritu de adulterio".)

En mi ministerio, he encontrado creyentes que tienen una perspectiva distorcionada en cuanto a artículos religiosos. Piensan que objetos, cuadros y estatuas religiosas, especialmente de Jesús, son sagrados y santos. Dan un valor espiritual al objeto, en lugar de reverenciar directamente a la persona que los objetos representan. Piensan que los objetos en sí poseen algún valor o que merecen alguna reverencia. Tienen estas cosas en las paredes de sus hogares, o los llevan puestos en su cuerpo, con la creencia que así Dios estará más presente o poderoso en su vida. Al hacer esto, están adorando a los objetos y no a Dios. Así había hecho la gente en los días del Rey Ezequías, 2 Reyes 18:4, y él tuvo que actuar:

> "El quitó los lugares altos, y quebró las imágenes, y cortó los símbolos de Asera, e hizo pedazos la serpiente de bronce que había hecho Moisés, porque hasta entonces le quemaban incienso los hijos de Israel; y la llamó Nehustán".

5

Liberación de demonios

Recuerda que sólo debemos adorar a Dios. "Dios es espíritu; y los que le adoran, en espíritu y en verdad es necesario que adoren". (Juan 4:24)

Primero, proclama tu entrega al Señor Jesucristo diciendo:

Jesucristo es mi Señor y Salvador. El murió en la cruz por mis pecados, y resucitó de los muertos al tercer día. Me arrepiento de todos mis pecados. Perdóname, Señor Jesús. Gracias, Jesús, por limpiarme con Tu preciosa sangre.

¿Cómo salen los espíritus malos? En el griego, la palabra para "aliento" y para "espíritu" es la misma, "pneuma". Cuando se echan fuera los espíritus en el nombre de Jesús, estos acostumbran salir con el aliento, en la forma de tos, eructos, estornudos, bostezos, lloro, o suspiros. Decimos a la gente durante la liberación que se relaje y no crucen los brazos ni las piernas. Permite que los demonios salgan de cualquier parte de tu cuerpo.

Ahora repite:

En el nombre de Jesucristo, ordeno que salgan de mí todo espíritu de adulterio, de fornicación, de adivinación, horóscopo (nombra tu signo si lo sabes), espiritismo, adoración al diablo, meditación transcendental, proyección astral, levitación, espíritus de la tabla ouija, hipnotismo, auto-hipnotismo, magia negra, magia blanca, hechicería, espíritu de brujería, espíritu de papá noel, espíritu de necromancia, y todos los demás espíritus de ocultismo, en el nombre de Jesús.

Respira profundo, y exhale.

Cuando una persona ha estado involucrada en alguno de los anteriores, es posible que no se dé cuenta que ha hecho un pacto con el diablo. Posiblemente no deseaba hacerlo, pero por sus acciones, lo hizo. Para romper todo pacto que posiblemente hiciste con Satanás y sus demonios, di lo siguiente:

En el nombre de Jesús, rompo todo acuerdo o pacto que hice con Satanás y sus demonios, y todo pacto que se hizo a mi favor por cualquier persona, viva o muerta. Ahora rompo este pacto en el nombre de Jesús. El único pacto que deseo es con el Señor Jesucristo, mi Señor y Salvador. Ahora ordeno que salga de mí en el nombre del Señor Jesús todo espíritu que el diablo me envió cuando entré a su terreno.

Respira profundo y exhale. Ahora vamos a tratar con espíritus de soberbia. Di lo siguiente:

En el nombre de Jesús, ordeno que salgan de mí todo espíritu de soberbia, altivez, orgullo, justicia por mi propia cuenta, crítica, juicio, murmuración, contención, pelea, vanidad, arrogancia, insolencia, falta de control, jactancia, egoísmo, burla, perfeccionismo y todos los espíritus afines.

Respira profundo y exhale. Ora de la siguiente manera:

Señor Jesús, muéstrame cómo puedo desarrollar un espíritu humilde. En tu nombre, Amén.

Vamos a tratar ahora los espíritus de engaño. Di:

En el nombre de Jesús, ordeno que salgan de mí todo espíritu de mentira que el enemigo me ha enviado, y todo espíritu que me hace mentir. Ordeno que salgan de mí todos los espíritus de adulación, exageración, insinuación, imaginaciones vanas, engaño, testimonio falso, y todos los espíritus afines.

Respira profundo y exhale. Di lo siguiente:

> En el nombre de Jesucristo, ordeno que salgan de mí espíritu de vértigo, espíritu perverso, espíritu que tuerce el Evangelio de Jesucristo, espíritus de doctrinas falsas, espíritus que causan fracaso tras fracaso, espíritus de pobreza, y todo espíritu que me roba las bendiciones de Abraham, los bienes materiales y financieros que Dios quiere que tenga.

Respira profundo y exhale. Para expulsar celos y espíritus semejantes, di:

> En el nombre de Jesús, ordeno que salgan de mí todos los espíritus de celos, envidia, homicidio, ira, mal genio, rabia, venganza, egoísmo, y todos los espíritus afines. Respira profundo y exhale.

Algunas personas no pueden dejar de llorar y lamentar la pérdida de un ser querido. Dios espera que sintamos dolor durante un tiempo razonable, pero si nuestra tristeza se perpetúa, puede ser debido a un espíritu de luto o de pesadez. Para echarlos fuera, di lo siguiente:

> En el nombre de Jesús, ordeno que salgan de mí todo espíritu de luto, de pesadez, de lamento, tristeza, pena, congoja, lloro, soledad, depresión, auto-compasión, desespero, oscuridad, desaliento, escapismo, suicidio, y el espíritu de muerte.

Respira profundo y exhale. Después ora así:

> Señor Jesús, restáurame en el gozo tuyo. Dame el óleo de gozo en lugar de luto, el gozo de conocerte, el gozo de laborar para tu Reino, el gozo de ganar almas, el gozo de ser llamado árbol de justicia, para que Tú, Señor Jesús, seas glorificado. Te lo pido en tu nombre, Amén.

AHORA RECIBE EL GOZO DEL SEÑOR. Saquemos seguidamente los espíritus que causan aflicción física. Di lo siguiente:

> En el nombre de Jesús, ordeno que salga de mí todo espíritu de enfermedad, especialmente (nombra la que te aflige). Ordeno que salgan de mí los espíritus de aflicción, dolor, y sufrimiento agudo.

Respira profundo y exhale. Ahora vamos a tratar con los espíritus de esclavitud. Di:

En el nombre de Jesús, ordeno que toda cadena de esclavitud sea rota y que las ligaduras que me atan sean quitadas de mí. A todos los espíritus de esclavitud o adicción a la nicotina, las drogas (legales e ilegales) alcohol, dulces y golosinas, cafeína, glotonería (nombra toda clase de atadura o esclavitud que tengas). Ordeno que todos estos espíritus salgan de mí en el nombre de Jesús.

Respira profundo y exhale. Ahora, vamos a expulsar a los demonios de temor. Di:

En el nombre de Jesús, ordeno que salgan de mí todos los espíritus de temor, especialmente de temor a (nombra todo lo que te da temor o que te hace sentir miedo), las alturas, claustrofobia, a los demonios, cobardía, al hombre, y temor de perder la salvación. Ordeno que estos espíritus salgan de mí en el nombre de Jesús. También ordeno que salgan de mí el espíritu de Magor-Missabib, terror, susto, temblor, angustia, pesadillas, y todos los espíritus afines.

Respira profundo y exhale. Ahora, renuncia a la esclavitud a ciertas lujurias, diciendo:

En el nombre de Jesús, ordeno que salgan de mí todos los espíritus de lujuria, fantasías sexuales, perversión, fornicación, adulterio, masturbación, sexo oral, sodomía, incesto, violación, homosexualismo, lesbianismo, sexo anal, sexo con animales, sexo con espíritus, concupiscencia de los ojos, pornografía, prostitución, y todo espíritu de sexo impuro, en el nombre de Jesús.

Respira profundo y exhale. Las cosas en nuestra vida que son una abominación al Señor muchas veces están bajo el control de demonios. Anteriormente discutimos las 7 acciones abominables para Dios (Proverbios 6:16-19). Renuncia a ellas diciendo:

Ordeno que salgan de mí, en el nombre de Jesús, el espíritu de aborto, el espíritu que derrama sangre inocente, el espíritu de Baal, de Moloc, de sacrificio de niños, y que salgan de mi familia, en el nombre de Jesús. También ordeno que salgan de mí el espíritu que me hace pensar en planes malignos, el espíritu de Jezabel, que divide iglesias, el espíritu causante de que mis pies corran al mal, que me hace decir cosas malas, que me impulsa a dar falso testimonio, que me hace sembrar discordia entre hermanos. Ordeno que todos estos espíritus salgan de mí en el nombre de Jesús.

Respira profundo y exhale.

En el nombre de Jesús, ahora ordeno que salga de mí todo espíritu que esté bajo la autoridad de Abadón (Apoleón), el ángel del abismo, el espíritu que atormenta. Ordeno que estos espíritus, nunca más, tengan poder, ni atormenten a mi familia o a mí, y que salgan de nosotros ahora, en el nombre de Jesús.

Respira profundo y exhale.

En el nombre de Jesús, ordeno que salgan de mí todos los espíritus de engaño, de doctrinas de demonios, todos los espíritus de ritos, formalismo, error doctrinal, legalismo, religiosidad, espíritus seductores, y todos los espíritus del movimiento Nueva Era.

Respira profundo y exhale.

En el nombre de Jesús, ordeno que salga de mí todo espíritu de encantación, hechicería, rebeldía, que me impide obedecer a la verdad, que hacen que no sea firme en las cosas del Señor. Ordeno que todos salgan de mí en el nombre de Jesús.

Respira profundo y exhale.

Ordeno que salgan de mí el espíritu de sueño profundo, olvido, indiferencia, pereza, el de dejar las cosas siempre para mañana, confusión, espíritus que estorban mi entendimiento de la Palabra de Dios, que me dan sueño al oír la Palabra, espíritus de duda, incredulidad, escepticismo, y todos los espíritus afines, en el nombre de Jesús.

Respira profundo y exhale.

Ordeno que salgan de mí, en el nombre de Jesús, el espíritu de estupor, necedad, lentitud de habla, lentitud de entender o aprender y todos los espíritus afines.

Respira profundo y exhale.

En el nombre de Jesús, ordeno que salgan de mí el espíritu del anticristo, rebelión, profecías falsas, y todos los espíritus afines.

Respira profundo y exhale.   Ahora mandamos salir los espíritus religiosos en el nombre de Jesús.

> Ordeno que salgan de mí en el nombre de Jesús el espíritu de Nehustán, religiosidad, ritualismo, formalismo, amuletos, idolatría, y toda religión falsa.

Respira profundo y exhale.

TERMINANDO TU LIBERACION

Cada vez que ordenamos a los espíritus malos salir de nosotros, debemos siempre invitar al Espíritu Santo a que tome el lugar de los espíritus que echamos fuera.   Entonces, para terminar tu liberación, ora:

> Espíritu Santo, te pido que me llenes con todo lo que Tú eres, con tu *amor,* tu *gozo,* tu *paz,* tu *bondad,* tu *benignidad,* tu *paciencia,* tu *fe,* tu *mansedumbre,* y tu *dominio propio.* Muchas gracias, Señor, Amén.

PASOS PARA MANTENER TU SANIDAD Y TU LIBERACION

En el último capítulo de mi libro: *"Llaves para ministrar liberación y sanidad",* enumero 15 pasos para mantener tu sanidad y liberación.   Los he incluido aquí en forma breve, te sugiero conseguir una copia del libro y leer el capítulo.

Paso 1:   TOMAR TODA LA ARMADURA DE DIOS
....Efesios 6:10-18
Saber el significado de cada pieza.

Paso 2:   CONOCER TU POSICION EN CRISTO
.... Zacarías 3:1-3
Saber que tú estás en El, y El está en ti.

Paso 3:   CONFESAR POSITIVAMENTE
.... Romanos 10:8-10, Marcos 11:23-24
Nuestras palabras tienen poder.

Paso 4:   TRATAR CON PRONTITUD EL PECADO
.... Isaías 59:2,   Romanos 6:23
No existe sustituto para el arrepentimiento.

Paso 5:   MANTENERTE EN LA PALABRA DE DIOS
.... Josué 1:8, Salmo1:1-3
Leer la Biblia cada día.

Paso 6:   PERDONAR CON PRONTITUD
.... Mateo 18:32-35
Desarrolle una actitud de perdón.

Paso 7:   CRUCIFICAR LA CARNE
.... Gálatas 5:24-25, Romanos 6:16
Ningún demonio puede vivir en carne muerta.

Paso 8:   ADORAR Y ALABAR AL SEÑOR
.... Salmo 150

Paso 9:   SER AGRADECIDO
.... Salmo 100

Paso 10: COMUNION CON OTROS
.... Hebreos 10:24-25, Ec. 4:12

Paso 11: MANTENER EL FRUTO DEL ESPIRITU
SANTO .... Gálatas 5:21-23
Amar al Señor y a sus semejantes.

Paso 12: PONER TU HOGAR EN EL ORDEN DIVINO
....Efesios 5:21-33

Paso 13. ORAR SIN CESAR
.... 1 Juan 5:14-15, 1; Ts. 5:17, Ro. 8:26-27
Orar en el Espíritu.

Paso 14. BUSCAR LA SANTIDAD
.... 1 Juan 3:1-3, Dt. 10:12-13
Una consagración total a Dios.

6

Rompiendo las maldiciones de Deuteronomio capítulos 27 y 28

Observo que muchos dentro del pueblo de Dios sufren a causa de maldiciones contra ellos o contra su linaje sanguíneo. No saben cómo pueden anular el poder de esas maldiciones, ni cómo ellas invadieron su vida.

Creo que la lista de maldiciones enumeradas en Deuteronomio 27 y 28, abarca todas las maldiciones que afligen el pueblo de Dios. El propósito de este capítulo es ayudar al lector a entender las fuentes de estas maldiciones y liberarle de la cautividad.

¿COMO VIENEN LAS MALDICIONES SOBRE UNA PERSONA?

Las maldiciones, y los demonios que Satanás envía para activarlas, entran a la persona por la puerta del pecado. Cada vez que alguien no obedece la Palabra de Dios, hay una maldición relacionada con este acto rebelde. *"Maldito el que no confirmare las palabras de esta ley para hacerlas. Y dirá todo el pueblo: Amén"* (Deuteronomio 27:26).

Hay pecados que muchos no consideran como tales. Por ejemplo, la ira. Algunos dicen que la ira es solamente una emoción. Esto es cierto, pero si una persona desobedece la Palabra en cuanto a la ira, abre la puerta para la entrada de una maldición. *"Airaos, pero no pequéis; no se ponga el sol sobre vuestro enojo, ni deis lugar al diablo"* (Efesios 4:26-27).

Si por alguna circunstancia me lleno de ira contra mi esposa, y me acuesto todavía con ira, doy lugar al diablo al desobedecer la Palabra de Dios.

Otro pecado común entre el pueblo de Dios es la falta de perdón. Hemos recibido el mandamiento de perdonar aun a nuestros enemigos. Cuando decidimos no perdonar, Dios Padre nos entregará a los verdugos (Mateo 18:34-35).

Frecuentemente muchos de nosotros, por causa del resentimiento y la falta de perdón en nuestro corazón, recibimos las maldiciones de diversas enfermedades.

El llevar amuletos u objetos de buena suerte en el cuerpo, o tenerlos en el hogar, abre la puerta para la entrada de maldiciones.

> "Las esculturas de sus dioses quemarás en el fuego; no codiciarás plata ni oro de ellas para tomarlo para ti, para que no tropieces en ello, pues es abominación a Jehová tu Dios; y no traerás cosa abominable a tu casa, para que no seas anatema; del todo la aborrecerás y la abominarás, porque es anatema" (Deuteronomio 7:25-26).

El compromiso con cualquier tipo de ocultismo es abominación al Señor nuestro Dios. El ocultismo es compromiso en lo siguiente:

- La percepción extrasensorial (telepatía)
- La magia negra o blanca

- La adivinación
- El horóscopo
- La proyección astral
- Los amuletos
- El culto al diablo

- El hipnotismo
- La levitación
- La tabla ouija
- La necromancia
- La adivinación

> "No sea hallado en ti quien haga pasar a su hijo o a su hija por el fuego, ni quien practique adivinación, ni agorero, ni sortílego, ni hechicero, ni encantador, ni adivino, ni mago, ni quien consulte a los muertos. Porque es abominación para con Jehová cualquiera que hace estas cosas, y por estas abominaciones Jehová tu Dios echa estas naciones de delante de ti. Perfecto serás delante de Jehová tu Dios" (Deuteronomio 18:10-13).

También es posible por el linaje sanguíneo heredar maldiciones que vienen de nuestros antepasados. Estábamos en los lomos de nuestro padre, de nuestros abuelos, y de nuestros bisabuelos, etc. Una maldición puede venir desde diez generaciones atrás.

> "No entrará bastardo en la congregación de Jehová; ni hasta la décima generación no entrarán en la congregación de Jehová" (Deuteronomio 23:2).

> "...porque yo soy Jehová tu Dios, fuerte, celoso, que visito la maldad de los padres sobre los hijos hasta la tercera y cuarta generación de los que me aborrecen" (Exodo 20:5).

De estos dos pasajes vemos que las maldiciones pueden entrar en la línea de sangre a causa de las prácticas de nuestros antepasados. Ahora, vamos a cancelar estas maldiciones, y a ordenar que los demonios que obraban en nosotros a causa de ellas, salgan de nosotros en el nombre de Jesús.

¿COMO SALEN LOS DEMONIOS?

Como hemos dicho con anterioridad, los demonios salen sobre todo en el aliento. Tomamos autoridad sobre ellos y les ordenamos salir de nosotros

calladamente en el nombre de Jesús. Nos cubrimos
de pies a cabeza con la sangre preciosa de Jesús, y
nos vestimos con toda la armadura de Dios (Efesios
6:14-17). Debemos haber ya confesado al Señor Jesucristo como nuestro Salvador y Señor, y también
haber orado para perdonar a toda persona que nos
haya hecho daño (ver oraciones al final de los capítulos anteriores).

Ahora estamos listos para romper el poder de toda
maldición, especialmente las que se hallan en Deuteronomio 27 y 28, y ordenar salir, en el nombre de
Jesús, a los demonios que entraron por medio de
estas maldiciones.

ORACION PARA ROMPER LAS MALDICIONES DE HERENCIA:

"Gracias, Jesús, por morir para que yo pueda ser libre.
Te invito, Jesús, a ser el Señor de mi familia, y especialmente el Señor de mis hijos. Padre Celestial: Confieso que yo y mis antecesores hemos pecado, y estoy
de acuerdo contigo en que nuestro pecado es rebelión
contra el Dios viviente. Perdóname las iniquidades
personales que hayan influido en mis hijos. Te pido que
liberes a mis hijos de toda maldición que vino sobre
sus vidas como consecuencia de mis pecados, especialmente las maldiciones de naturaleza sexual. Ahora
presento delante de ti, Señor Jesús, a mis hijos, y
renuncio, en tu nombre, a todo derecho y a toda
influencia que Satanás haya tenido sobre ellos. Anulo
toda maldición de Deuteronomio 27 y 28, y cada
palabra malvada dicha contra mí y mi linaje sanguíneo
por personas vivas o muertas, en el nombre de Jesús
y por el poder de la sangre de Jesús. Te pido, Padre
Celestial, que perdones las iniquidades que han pasado de generación en generación desde diez generaciones atrás. Ordeno que sea rota toda asignación de
todo demonio contra mí y mi linaje, y que salgan de
mí y de mi línea de sangre ahora mismo, en el nombre
todopoderoso de Jesús". Respire profundo, y exhale.

Deuteronomio 27:15

"Padre, rompo toda palabra de maldición que haga a
mis descendientes seguir a los dioses de este mundo.
Ordeno salir de mí y de mi linaje sanguíneo la maldi-

ción de la idolatría y las prácticas paganas, en el nombre de Jesús". Con toda energía respire profundo y exhale.

"También ordeno que salgan de mí y de mi linaje de sangre los espíritus de hechicería, brujería, Jezabel, Acab, dominación, control, y manipulación, en el nombre de Jesús". Respire profundo y exhale.

Deuteronomio 27:18

"Ordeno que salgan de mí y de mi linaje los espíritus de maltratos verbal, físico, sexual, y también los espíritus que me hacen maltratar a otros, en el nombre de Jesús". Vuelva a respirar profundo y exhale.

Deuteronomio 27:20-25

"Rompo la maldición de la lujuria, fantasías de lujuria, perversión, fornicación, adulterio, masturbación, sexo oral, sexo con animales, bestialidad, incesto, violación, sodomía, sexo con espíritus, íncubo, súcubo, pornografía, deseos de los ojos, la vanagloria de la vida, deseos de la carne, aborto, prostitución, hasta diez generaciones atrás, y ordeno que todos estos espíritus salgan de mí en el nombre de Jesús". Respire profundo y exhale.

Deuteronomio 28:15-17

"En el nombre de Jesús, rompo la maldición de la rebeldía, desobediencia, egoísmo, y avaricia, en mi linaje de sangre. Rompo toda maldición sobre mis posesiones, mis bienes, y mi herencia. Rompo toda maldición sobre mis hijos, mis descendientes, mi comida y mi canasta. Ordeno que salgan todos estos espíritus, así como el espíritu de pobreza, en el nombre de Jesús". Respire profundo y exhale.

Deuteronomio 28:19

"Rompo el poder de cada maldición sobre mis viajes, sobre mis entradas, mis salidas y mis modos de movilizarme, y ordeno salir de mí todo espíritu de accidentes y lesiones, en el nombre de Jesús". Respire profundo y exhale.

"Proclamo la verdad del Salmo 121:8, pues Jehová guardará mi salida y mi entrada desde ahora y para siempre".

Deuteronomio 28:20-22

"Ordeno salir de mí y de mi linaje sanguíneo el espíritu de confusión de Babilonia, espíritu de ocultismo, y espíritus que me hacen buscar dioses ajenos desde diez generaciones atrás, en el nombre de Jesús". Respire profundo y exhale.

"Vengo en contra de todo espíritu de pestilencia, de epidemias, de enfermedades, cáncer, tuberculosis, fiebres, inflamaciones, calenturas, espada y sequías. Les ordeno salir de mí y de mi linaje de sangre, en el nombre de Jesús". Respire profundo, y exhale.

"Rompo la maldición de robo y mentira en mí y en mi línea de sangre; también reprendo los espíritus de orgullo, altivez, contenciones, perfeccionismo, auto-justicia y espíritus religiosos. Les ordeno a todos salir de mí y de mi linaje, en el nombre de Jesús". Respire profundo, y exhale.

Deuteronomio 28:23

"Rompo el poder de los espíritus que hacen al cielo ser como bronce y a la tierra como hierro, y que impiden las respuestas a mis oraciones. Rompo el poder de los espíritus que me estorban para oír la Palabra de Dios, o que profetice, o que tenga visiones. Ordeno salir de mí todos estos espíritus en el nombre de Jesús". Respire profundo, y exhale.

Deuteronomio 28:25

"Rompo el poder de la maldición que me hace estar derrotado delante de mis enemigos, los espíritus de fracaso, autoodio, muerte, deseos de morir, muerte prematura y suicidio. Ordeno que salgan de mí estos espíritus en el nombre de Jesús". Respire profundo y exhale.

Deuteronomio 28:27

"Rompo las maldiciones de úlceras, tumores de la piel, sarna, carnosidades, herpes, psoriasis, erupciones, comezones, SIDA, y otras enfermedades venéreas. Ordeno que salgan de mí y de mi linaje sanguíneo en el nombre de Jesús". Respire profundo, exhale.

Deuteronomio 28:28

"Rompo las maldiciones de desánimo, desaliento, locura, angustia mental, tormento mental, desaliento de mente y corazón, y todo espíritu que se halla bajo el control de Apolión el destructor. Ordeno que salgan de mí y de mi línea de sangre en el nombre de Jesús". Respire profundo y exhale.

Deuteronomio 28:29

"Rompo la maldición de fracaso, pereza, pasividad, apatía, letargo, y pobreza. Ordeno que salgan todos estos espíritus de mí y de mi linaje en el nombre de Jesús". Respire profundo y exhale.

Deuteronomio 28:30

"Ordeno que salgan de mí y de mi línea de sangre la maldición del divorcio, divisiones, y separación en el nombre de Jesús". Respire profundo y exhale.

La Biblia dice: "Cualquiera que durmiere con mujer menstruosa, y descubriere su desnudez, su fuente descubrió, y ella descubrió la fuente de su sangre; ambos serán cortados de entre el pueblo" (Levítico 20:18).

Si usted ha pecado así, entonces diga: "Señor Jesús, te pido que me perdones; y ahora ordeno toda maldición que ha entrado a mí y mi linaje de sangre a causa de este pecado salir de mí en el nombre de Jesús". Respire profundo, y exhale.

Ahora, vamos a añadir algunos espíritus más. Repita: "Ordeno que salgan de mí todos los espíritus de temor, ira, anticristo, adicción a nicotina, alcohol, drogas, y glotonería, inseguridad, rechazo, duda, y falta de perdón, en el nombre de Jesús". Respire profundo, y exhale.

ORACION PARA ROMPER TODO PACTO CON LAS TINIEBLAS:

"Rompo todo pacto y acuerdo que hubiera hecho con Satanás y sus demonios, o que haya sido hecho por cualquiera de mis antepasados, hasta diez generaciones atrás a favor de sus descendientes. Ahora ordeno que sean canceladas las asignaciones puestas sobre mí y mi linaje, y que salgan de mí y mi línea de sangre todos los espíritus relacionados con estas asignaciones, en el nombre de Jesús". Respire profundo, y exhale.

COMO RECLAMAR LAS BENDICIONES DE DEUTERONOMIO 28:1-13

Versículos 1-2: "Oiré atentamente la voz del Señor mi Dios, para guardar y poner por obra todos sus mandamientos, para que sus bendiciones me alcancen donde esté".

(v. 4-5) "Que mis hijos, y las obras de mis manos sean benditos; y que siempre pueda comprar nuestros alimentos".

(v. 6-7) "Que sea bendito en mis salidas, y que mis enemigos espirituales y materiales huyan delante de mí".

(v. 10) "Que sea bendito dondequiera que viva; que siempre tenga la unción del Altísimo sobre mí, por guardar Sus mandamientos; que la gente vea que la unción de Dios está sobre mí y que soy hijo de Dios".

(v. 12) "Que prospere para prestar a otros y no tenga que pedir prestado; que sea cabeza y no cola, que sea entre los hombres un líder, acepto a Dios y aprobado por los hombres".

"Proclamo que estas bendiciones me alcanzarán porque obedezco la voz del Señor mi Dios, en el precioso nombre de Jesús, y por el poder del Espíritu Santo, a quien adoro. Señor, te doy todo lo que soy, y te consagro toda mi vida. Haz que sea lleno del fruto del Espíritu Santo. Dirige mi camino para que pueda alcanzar todas las posibilidades que me ofreces, y para que se cumpla tu plan en mi vida. Te lo pido en el nombre de Jesús".

"Espíritu Santo, te pido que entres en mí, y tomes el lugar donde estaban los espíritus malignos de maldiciones en mí y mi linaje sanguíneo, en el nombre de Jesús. Amén".

7

Dominio propio y no temor

"Porque no nos ha dado Dios espíritu de cobardía, sino de poder, de amor y de dominio propio". (2 Timoteo 1:7)

Cuando Dios quiere hablar a Su pueblo, parece que el mismo mensaje pasa por todo el cuerpo de Cristo. Creo que Dios está haciéndonos sensibles al conocimiento de la Persona del Espíritu Santo. Muchas veces en cuanto a El oímos que es la tercera Persona en la Trinidad, que es Dios: Padre, Hijo, y Espíritu Santo. Pero realmente no nos hemos concentrado en la Persona del Espíritu Santo.

La Biblia informa de estas palabras de Jesús:

"Pero cuando venga el Espíritu de verdad, El os guiará a toda la verdad; porque no hablará por Su propia cuenta, sino que hablará todo lo que oyere, y os hará saber las cosas que habrán de venir. El me glorificará; porque tomará de lo Mío, y os lo hará saber". (Juan 16:13-14)

El Espíritu Santo nos guía a la verdad y contra el error, porque es el Espíritu de verdad. El es el Espíritu del Padre, y es el Espíritu de Jesús. Su propósito al vivir en nosotros es glorificar a Jesús y hacernos semejantes a El. Sin embargo, uno de los obstáculos para recibir guía del Espíritu Santo y oír su voz es el temor. El temor nos impide recibir de Dios y andar en su Reino como vencedores; nos impide crecer en el Señor. Muchas veces, el temor es la montaña en nuestro camino.

En 2 Timoteo 1:6, Pablo le recordó a su hijo espiritual lo que pasó cuando se le impusieron las manos para recibir el bautismo del Espíritu Santo. Pablo le decía: "Oye, Timoteo, aviva los dones de Dios que recibiste por el Espíritu Santo".

Después en el versículo 7, Pablo dice: *"Porque no nos ha dado Dios espíritu de cobardía, sino de poder, de amor y de dominio propio"*, para recordarle que el Espíritu Santo es Dios. El es el Consolador, y es la Verdad. Así es el Espíritu que Timoteo había recibido.

Otros versículos también nos hablan del Espíritu Santo. Jesús dijo:

> "Y yo rogaré al Padre, y os dará otro Consolador, para que esté con vosotros para siempre: el Espíritu de verdad, al cual el mundo no puede recibir, porque no Le ve, ni Le conoce: pero vosotros Le conocéis, porque mora con vosotros y estará en vosotros. No os dejaré huérfanos; vendré a vosotros". (Juan 14:16-18)

Al seguir este estudio, notemos cuántas veces Dios dice: "Os doy" y "Os daré", y "Os di". Dios constantemente da, da, da, y da. Es un Dios dador. ¿Qué tipo de Espíritu nos dio Dios? Nos dio Su Espíritu. Es el mismo Espíritu que sopló en Adán, y el mismo Espíritu que estaba en los profetas antiguos. Sí; es el mismo Espíritu que estaba y está en Jesús.

El, el Espíritu Santo, es Dios. El Espíritu Santo nunca es solamente una cosa, es una Persona. Es otro Consolador, pues Jesucristo fue el primer consolador. Cuando Jesús andaba en el mundo, consolaba a la gente, sanaba a los enfermos, levantaba a los muertos, y echaba fuera demonios. Dondequiera que pasaba, llevó consuelo a la gente. Después Jesús dijo que iba a volver al Padre, pero que daría "otro Consolador".

Jesús, corporalmente, sólo podía estar en un lugar a la vez. Pero el Espíritu, el Consolador, estará con, y dentro de, cada persona que confiesa a Jesucristo como Señor. Jesús, en Su humanidad, no podía hacer eso, pero por medio de su Espíritu, puede estar siempre con nosotros y en nosotros, en todos los lugares, todo el tiempo. Jesús sanaba a los enfermos, consoló a los que estaban solos y quebrantados de corazón, y liberó a los cautivos. Jesús todavía hace todo eso hoy, por medio del poder del Espíritu Santo en cada creyente.

Pablo le dijo a Timoteo que recordara lo que sucedió con la imposición de las manos. Y también nos recuerda qué clase de Espíritu recibimos cuando fuimos bautizados en el Espíritu Santo. Entonces debemos utilizar bien el tiempo. Debemos dejar de mirar tanta televisión, recordar el Espíritu que recibimos cuando nos llenó del amor de Dios, y con cuánto fervor alzábamos las manos para alabar y adorar al Señor.

Pablo le decía a Timoteo: "No tengas miedo. No tengas temor de testificar a la gente que has recibido el Consolador. ¿El Consolador te daría el temor?" Pablo también nos habla hoy. Muchas veces, tememos por nosotros mismos y tememos por nuestros seres queridos. Nos preocupamos por todo, como si al preocuparnos, lográramos algo. La preocupación es temor, y el temor es falta de fe en la Palabra de Dios.

Pablo dice que todo lo que no es de fe, es pecado (Romanos 14:23).

Creo que toda persona experimenta temor en algún momento. Recuerdo cuando mi esposa, mi hija, y una nieta tuvieron un terrible accidente y un hombre me dijo por teléfono: "Señor Marzullo, debe darse prisa. En este momento llevan a su esposa al Hospital Halifax". Lo primero que sentí fue temor.

Ahora bien, hay un temor normal, también hay un temor que no es de Dios. Esta clase de temor me atrapó cuando oí esa voz en el teléfono. Pero, el Espíritu Santo dentro de mí empezó a decirme qué hacer. Caí de rodillas, y fui en contra del temor malo. Dije: "Ustedes, los espíritus malignos de temor, de destrucción, y de muerte, todos ustedes tienen que salir en el nombre de Jesús".

Es muy revelador el hecho que los miedosos son los primeros en ser echados al lago de fuego:

> "Pero los cobardes e incrédulos, los abominables y homicidas, los fornicarios y hechiceros, los idólatras y todos los mentirosos tendrán su parte en el lago que arde con fuego y azufre, que es la muerte segunda" (Apocalipsis 21:8).

La Palabra de Dios une a los temerosos e incrédulos con los fornicarios y hechiceros, idólatras y mentirosos. Pero los cobardes son los primeros en la lista para ir al lago de fuego. Dios quiere que tengamos valor santo. El no quiere a los de corazón apocado. Quiere héroes según el patrón bíblico, quiere que seamos héroes.

A veces, pensamos y hablamos cosas negativas. Debemos tener cuidado con lo que pensemos y hablemos. La Palabra advierte:

> "Determinarás asimismo una cosa y te será firme" (Job 22:28).

Y el mismo autor sagrado recuerda las consecuencias del temor:

> "Porque el temor que me espantaba me ha venido, y me ha acontecido lo que yo temía" (Job 3:25).

El temor es tormento, y el Consolador no nos atormenta. El viene a consolarnos. El temor no consuela a nadie, ¿verdad? Casi todo temor es demoníaco. Cuando Dios visita a su pueblo, sabe que tememos a las manifestaciones sobrenaturales, de modo que siempre nos asegura con las palabras consoladoras: "No temas"; "María, no temas..". "Daniel, no temas..". "Isaac, no temas..". A modo de ejemplo vemos cómo le dijo al sucesor de Moisés:

> "*[Josué]* Mira que te mando que te esfuerces y seas valiente; no temas ni desmayes, porque Jehová tu Dios estará contigo en dondequiera que vayas" (Josué 1:9).

Dios me dijo: "Frank, no temas dar un paso de fe. Deja tu pastelería y sígueme. Cuidaré de ti y de tu esposa, sólo no temas. Sé Mi evangelista y nunca te desampararé ni te dejaré. No te dejaré sin consuelo".

Dios siempre está diciendo eso a Su pueblo, pero tenemos que poderle oír. Porque si estamos bien delante de Dios, ¿quién puede estar en contra? David nos tiene una palabra de aliento:

> "No temeré a diez millares de gente, que pusieren sitio contra mí" (Salmo 3:6).

¿Podemos decir lo mismo? Sí, debemos; porque además nos dice que Dios nos prepara mesa delante de nosotros aun en presencia de nuestros angustiadores (Salmo 23:5).

David también dice:

> "Jehová es mi luz y mi salvación; ¿de quién temeré? Jehová es la fortaleza de mi vida; ¿de quién he de atemorizarme?" (Salmo 27:1).

¿Es el Señor su luz y su salvación? Entonces, de hecho, ¿de quién debe tener temor? En el versículo 2, David sigue:

> "Cuando se juntaron contra mí los malignos, mis angustiadores y mis enemigos, para comer mis carnes, ellos tropezaron y cayeron".

¿Quiénes son sus enemigos? Son enfermedades; artritis, cáncer, ataque de corazón, o cualquier otra cosa que viene a comer la carne. Tales enemigos están destinados a tropezar y a caer, según este versículo.

Cuando ocurren accidentes, buscamos al Señor para protegernos, sanarnos, y restablecernos. El puede volver a crear lo que creó.

> "Aunque un ejército acampe contra mí, no temerá mi corazón; aunque contra mí se levante guerra, yo estaré confiado" (Salmo 27:3).

Estaré confiado, ésta es la clave. ¿En qué estaré confiado o en quién? Estaré confiado en El. Creeré que El es quien dice ser, y que hará lo que dice que hará. Tendré la confianza que el Señor es mi luz y mi salvación, que no importa cuán oscuro sea el hueco. El me sacará. Tenemos que recordar que todas las cosas ayudan para bien a los que aman a Dios y son llamados según Su propósito (Romanos 8:28). Tenemos que confiar en eso y no en nosotros mismos. Tenemos confianza en el hecho que el Señor es nuestra luz y nuestra salvación. En la carne, no tenemos ninguna confianza, pero en El, somos más que vencedores.

David también dice:

> "Y me hizo sacar del pozo de la desesperación, del lodo cenagoso; puso mis pies sobre peña, y enderezó mis pasos" (Salmo 40:2).

Ahora, ¿quién es la Peña sobre la que están mis pies? Jesús es la Peña. El va a dirigir sus pasos. Usted va a oír una voz que dice: "Este es el camino; ande en él". Y la voz le guiará así: "No tome por ese lado, ande por aquí".

¿Alguna vez ha oído una voz, un susurro interior, que le anima a ir por cierto camino? Recuerde, El establecerá su andar. ¡Alabado sea el Señor! ¿Por qué hace Dios así? La respuesta se encuentra en el Salmo 91:14-16.

El Salmo 91 está lleno de las promesas de Dios, y está escrito como si nuestro Padre Dios nos hablara. En los versículos 1-13, nos dice lo que hará por nosotros. En el versículo 14, nos dice porqué cumple Su Palabra: "Por cuanto en Mí ha puesto su amor..".

Porque nuestro enfoque es el Señor...porque buscamos primeramente el Reino de Dios...porque amamos al Señor nuestro Dios con todo el corazón y a El sólo adoramos...entonces:

> "Por cuanto en Mí ha puesto su amor, yo también lo libraré; le pondré en alto, por cuanto ha conocido Mi nombre. Me invocará, y Yo le responderé; con él estaré yo en la angustia; lo libraré y le glorificaré. Lo saciaré de larga vida, y le mostraré Mi salvación" (Salmo 91:14-16).

Notemos cuánto dice el Señor que nos hará. Cuando Dios dice que hará algo, lo hará. Porque Le amamos, nos librará de nuestras ataduras, y nos sentará en lugares celestiales. Cuando oremos, nos contestará nuestras oraciones. En medio de nuestros problemas, estará con nosotros para consolarnos y mostrarnos la salida. Nos honrará. Nos satisfará con larga vida y nos mostrará los tesoros que tenemos en el cielo y en la tierra, como herederos de su salvación.

Con todas estas promesas de Dios, ¿de quién he de atemorizarme? Entonces, como no nos dio espíritu de cobardía, ¿qué clase de espíritu nos dio? Pablo dice que nos ha dado Espíritu de poder, de amor, y de dominio propio. Vamos a examinar más detenidamente estas características del Espíritu Santo.

1. El Espíritu Santo como Espíritu de Poder.

Jesús dijo antes de ascender a los cielos:

> "...recibiréis poder, cuando haya venido sobre vosotros el Espíritu Santo, y me seréis testigos en Jerusalén, en toda Judea, en Samaria, y hasta lo último de la tierra" (Hechos 1:8).

Dice que recibiremos poder para testificar. Quiere decir un valor santo para hablar de Jesús con poder. "En Jerusalén" significa testificar a su familia, sus amigos, y su pueblo.

Hay que recordar, sin embargo, que usted mostrará el mismo espíritu que hay en su hogar. El hogar tiene primero que estar en orden. Usted puede usar muchos versículos en su testimonio, pero si hay un mal ambiente en su hogar, entonces así ministrará a otros. Si en el hogar hay rebeldía, y no está en orden divino, entonces habrá un mal espíritu en su ministerio. Aunque vaya a la iglesia, o alce las manos, y alabe al Señor, no estará bien. Dios quiere que usted y su hogar estén en orden divino.

Entonces, después podrá usted ministrar en justicia y en el poder del Espíritu Santo. Podrá hablar la palabra creativa de profecía, y hablar Su palabra con denuedo en su Jerusalén y su Judea. Dios le puede aun llevar hasta los últimos rincones de la tierra.

Mi esposa y yo estamos en nuestros 80 años, pero el Señor todavía nos envía a todas partes de la tierra. Para El sea la gloria, pues estamos hablando la Palabra de Dios con poder.

David dijo:

> "Una vez habló Dios; dos veces he oído esto: Que *de Dios es el poder,* y Tuya, oh Señor, la misericordia; porque Tú pagas a cada uno conforme a su obra" (Salmo 62:11-12).

Sí, todo poder pertenece a Dios y a los que se les dé. Todo poder se le dio a Jesús:

> "...Toda potestad Me es dada en el cielo y en la tierra" (Mateo 28:18).

Jesús tenía poder sobre la naturaleza, los vientos y las ondas del mar (Lucas 8:25). Inclusive tenía poder sobre su propia vida:

> "...Tengo poder para ponerla, y tengo poder para volverla a tomar. Este mandamiento recibí de Mi Padre" (Juan 10:18).

Tenía poder sobre toda carne: el poder de dar la vida eterna a todos los que creían en El (Juan 17:2).

En cuanto a nosotros, Jesús dijo:

> "He aquí os doy potestad de hollar serpientes y

escorpiones, y sobre toda fuerza del enemigo, y
nada os dañará" (Lucas 10:19).

Tenemos autoridad sobre todas las fuerzas de las
tinieblas, en su poderoso nombre. Pero tenemos que
usar el poder que nos da en Su nombre.

Cuando era joven, recuerdo que había tranvías
eléctricos (trolleys) en la ciudad donde vivíamos. No
hay mucha gente que se acuerde de estos tranvías.
Iban en sus rieles y sólo podían transitar por ellos.

La energía estaba en el cable de la luz, y mientras
que el trolley estuviera conectado con el cable que le
transmitía el poder desde arriba, podía marchar. De
vez en cuando, algún muchacho travieso desconec-
taba el cable, y el trolley se detenía. El tranvía sólo
podía andar si se mantenía unido a su fuente de
poder, y si estaba sobre los rieles.

Exactamente lo mismo pasa con nosotros. Mientras que estamos conectados a nuestra fuente de
poder, el Espíritu Santo, corremos derecho en la
voluntad de Dios para nuestra vida. Nuestro poder
es el Espíritu Santo dentro de nosotros.

Jesús dijo:

> "...El que en mí cree, las obras que yo hago, él
> las hará también; y aun mayores hará..." (Juan
> 14:12).

¿Cómo hacemos estas obras mayores? Por el poder del Espíritu Santo dentro de nosotros. Jesús
tenía todo esto en mente cuando dijo:

> "...voy al Padre...rogaré al Padre, y os dará otro
> Consolador...mora con vosotros y estará en vo-
> sotros" (Juan 14:12,16,17).

Tengo presente cuando mi esposa Evelyn, se encontraba en el cuarto del hospital, afligida por el
dolor, y con nueve huesos rotos. Ahora, ella no lo
recuerda, pero yo sí. Yo estaba allí mirando cómo
sufría y llorando de compasión por ella, cuando el
Espíritu Santo me habló. Pude sentir el poder del

Espíritu mientras caminé por su cuarto en el hospital. Señalé a mi esposa, bajo el efecto de medicamentos para quitarle el dolor, y aunque no me veía ni oía, por el poder del Espíritu dije: "Te levantarás de esa cama. Caminarás a mi lado. Estarás conmigo. Estarás completamente bien". Profeticé en el poder del Espíritu Santo. Ordené desaparecer el dolor. Ordené salir el espíritu de muerte en el nombre de Jesús. Y todo llegó a cumplirse. Solo Dios puede hacer esto. Aun los médicos admiten que hubo un milagro. Nada es imposible para Dios, y tenemos su poder dentro de nosotros, por el Espíritu Santo.

Tenemos poder en Su nombre al decir: "Tú, espíritu maligno de temor, vete en el nombre de Jesús. Tú, espíritu de adicción; tú, espíritu de nicotina; tú, espíritu de alcohol; tú, espíritu de enfermedad (y cualquier otro espíritu que usted quiera quitar de su vida), tienen que salir de mí en el nombre de Jesús". Deben salir.

El esposo de María, mi nieta, Allen Critchett, trabajaba en una misión en las islas Filipinas. Algunos de los indígenas estaban adorando un ídolo. El poder del diablo hacía que la imagen se moviera. Allen se encontraba en un lugar muy peligroso. Varios misioneros ya habían sido muertos en esta región. Sin embargo, habló contra este ídolo y ordenó que dejara de moverse, en el nombre de Jesús. ¡Y así sucedió! A causa de este hecho, centenares de almas se convirtieron a Jesucristo, pues lo aceptaron como Señor y Salvador.

Todos los que somos creyentes tenemos este mismo poder en Su nombre. Pero no usamos este poder a causa del temor. Por eso, Pablo le dijo a Timoteo, "Oye, Timoteo, no tengas temor. Dios no te dio esa clase de espíritu". Este poder se manifiesta por oración, y oración en el Espíritu Santo.

A Daniel lo echaron en el foso de los leones, porque oraba al Dios Viviente. Pero la misma oración lo liberó de ese foso. Cuando lo arrojaron allí, seguramente oró con mucho más fervor. Cuando esos leones enormes y hambrientos, fueron a devorarlo, el poder de Dios los transformó en simples gatos grandes, que se pusieron a dormir al lado de Daniel. En el nombre de Jesús, también tenemos este poder para clamar a Dios en el tiempo de la prueba.

En otras ocasiones, debemos tratar con nuestra carne, y para eso, se necesita la crucifixión. A quienes tengan problemas en hacer esto, recomiendo la oración de Pablo:

> "...que os dé, conforme a las riquezas de Su gloria, el ser fortalecidos con poder en el hombre interior por Su Espíritu" (Efesios 3:16).

(A fin de aprender más sobre el poder del Espíritu, recomiendo mi libro: *"La Plenitud de una Vida Abundante"*).

2. Hemos recibido un Espíritu de Amor:

> "Porque de tal manera amó Dios al mundo, que ha dado a Su Hijo unigénito, para que todo aquel que en El cree, no se pierda, mas tenga vida eterna" (Juan 3:16).

Aquí vemos la más grande demostración de amor que existe, entregó a Su Hijo unigénito. El Espíritu del Padre es amor; el Espíritu de Jesús es amor; el Espíritu Santo es amor. El vive en nosotros y nos da el poder de amar como El ama para amar al Padre, al Hijo, y al Espíritu Santo, en primer lugar, y en segundo lugar, amar a la gente.

Solamente por medio de su Espíritu dentro de nosotros, podemos amar a los demás. Tenemos que ser honestos. Es fácil amar a Dios, eso no es problema. Pero delante de Dios, debemos confesar que hay algunas personas que no nos gustan y que son difíciles. Pero Dios las ama, y quiere que las amemos también. El hombre natural no puede lograr esto, pero por el poder del Espíritu Santo, lo podemos conseguir. Decimos: "Señor, ayúdame a amar a esa

persona como Tú la amas. Señor, deposita en mí el
amor que tienes para ella". El nos dará este don si se
lo pedimos, –la capacidad de amar a los difíciles de
amar. Así como el don de fe es un regalo de Dios, lo
mismo es el don de amar. Uno no puede amar de
verdad sin el poder del Espíritu Santo que obra en
nuestro interior.

Pablo dice:

> "Ahora permanecen la fe, la esperanza y el amor,
> estos tres; pero el mayor de ellos es el amor"
> (1 Corintios 13:13).

Dios me amó tanto que me limpió de mis pecados
y me hizo Su heredero. Me amó tanto que cuando mi
esposa, mi hija y mi nieta, quedaron heridas en ese
terrible accidente de automóvil, las sacó del reino de
la muerte y me las devolvió. ¡Alabado sea Dios!
Aunque no soy digno, me hizo digno, y ahora me usa.
¡Gracias, Jesús! Sé que el Señor me ama.

Pablo también oró por los creyentes de todas
partes para que:

> "...habite Cristo por la fe en vuestros corazones,
> a fin de que, arraigados y cimentados en amor,
> seáis plenamente capaces de comprender con
> todos los santos cuál sea la anchura, la longitud,
> la profundidad y la altura, y de conocer el amor
> de Cristo, que excede a todo conocimiento..."
> (Efesios 3:17-19).

Dios quiere que conozcamos todo sobre su Reino,
la altura y la longitud del Reino, cómo vivir en el
Reino, y cómo amar a los del Reino. Pablo nos
instruyó:

> "...andad en amor, como también Cristo nos
> amó, y se entregó a sí mismo por nosotros,
> ofrenda y sacrificio a Dios en olor fragante"
> (Efesios 5:2).

Dios quiere que seamos así. Esa es la madurez. Y
el Espíritu Santo hace esto en nosotros.

Después, podemos decir como Juan:

"Y nosotros hemos conocido y creído el amor
que Dios tiene para con nosotros. Dios es amor;
y el que permanece en amor, permanece en
Dios, y Dios en él" (1 Juan 4:16).

¿Puede imaginarse el tierno amor del Espíritu
Santo, cuando El entró en su tumba con la gloria de
Dios y con ternura tomó a Jesús en Sus brazos de
amor y declaró que la muerte no tenía más poder
sobre El?

¿Puede imaginarse el amor que el Espíritu Santo
tiene por Jesús? El Espíritu Santo que hizo posible
la concepción de Jesús. ¡Cuán grande amor existe
entre el Padre y Jesús, entre Jesús y el Espíritu
Santo! Este gran amor es evidente en la tri-unidad.
El Espíritu Santo, con la gloria de Dios, entró en la
tumba y resucitó el cuerpo mortal de Jesús, con Su
gran amor. Y así nos ama a nosotros también.

Pablo dice:

"Si el Espíritu de aquel que levantó de los muertos a Jesús mora en vosotros, el que levantó de
los muertos a Cristo Jesús vivificará también
vuestros cuerpos mortales por Su Espíritu que
mora en vosotros" (Romanos 8:11).

El Espíritu Santo es poder y amor. El resucitará
nuestro cuerpo mortal porque nos ama.

Puedo imaginarme que cuando Jesús finalmente
volvió al cielo con Su cuerpo glorificado, hubo grande
regocijo delante del Trono de Dios, el regocijo del
Padre, del Espíritu Santo, y de todos los ángeles.

Y me puedo imaginar el amor en el ambiente,
abrazos y besos, una escena maravillosa y gloriosa.
El Espíritu Santo quiere que los templos donde El
habita sean sanos, en buenas condiciones. El es el
poder y el amor para cumplir eso.

El Espíritu Santo es más que amor. El es gozo,
paz, paciencia, benignidad, bondad, fe, mansedumbre, templanza, y mucho más. Por medio de El,
también podemos tener Su carácter. El suplirá más

abundantemente de lo que podamos pedir o pensar. El es el Espíritu de Vida, y sin El para dirigir nuestros caminos, no podemos vencer. Es imposible ser cristiano sin el poder y el amor del Espíritu Santo para motivarnos.

3. Recibimos el Espíritu de Dominio Propio:

Dios sabe que cuando entramos en su Reino, la batalla más grande para el creyente es la batalla en relación con nuestra mente. Es una batalla constante, diaria, y seguirá hasta que estemos con el Príncipe de Paz, el Señor Jesús.

Así como Dios nos asigna a cada uno un ángel guardián para ayudarnos en nuestra vida, el diablo también nos asigna un ángel caído para apartarnos del camino difícil y angosto, y mandarnos al camino ancho y suave de la destrucción. Entonces, la batalla tiene por finalidad controlar nuestra mente, porque somos esclavos de lo que nos controla.

Cuando el Espíritu Santo entra en nosotros, empieza a renovar nuestra mente, si Le escuchamos. La Biblia dice:

> "Así que, hermanos, os ruego por las misericordias de Dios, que presentéis vuestros cuerpos en sacrificio vivo, santo, agradable a Dios, que es vuestro culto racional. No os conforméis a este siglo, sino transformaos por medio de la renovación de vuestro entendimiento, para que comprobéis cuál sea la buena voluntad de Dios, agradable y perfecta" (Romanos 12:1-2).

Nuestra mente tan solo se puede renovar por medio del poder del Espíritu Santo dentro de nosotros. Dios sabe que cuando entramos en su Reino, la batalla será recia, sobre todo en la mente.

Pablo también nos habla así.

> "Pero temo que como la serpiente con su astucia engañó a Eva, vuestros sentidos sean de alguna manera extraviados de la sincera fidelidad a Cristo" (2 Corintios 11:3).

Algunas veces, hermanos, tratamos de buscar significados demasiado profundos en la Palabra de Dios. Antes, hay que creer en la sencilla Palabra que Jesús nos dio. Crea en Sus promesas. La Biblia dice:

> "Fíate de Jehová de todo tu corazón, y no te apoyes en tu propia prudencia. Reconócelo en todos tus caminos, y él enderezará tus veredas" (Proverbios 3:5-6).

¿Cómo se hace esto? Por el Espíritu Santo que guía su mente.

A veces, la batalla es diaria y fuerte. Puede ser la preocupación:

"¿Obtendré un trabajo? ¿Habrá suficiente dinero para pagar mis deudas y hacer frente a mis necesidades? ¿Se convertirá mi esposo? ¿Conseguiré buena salud?" ¿Qué sucede? Esta es una batalla. ¿Alguna vez, ha pasado la noche en blanco?

> Clame al Espíritu Santo, y dígale: "Espíritu Santo, te pido que me ayudes. Esta batalla me es demasiado fuerte. Te pido que tomes el control de mis pensamientos. En el nombre de Jesús, ato cualquier espíritu inmundo que me turba la mente. Les ordeno salir a todos los demonios en el nombre de Jesús".

Recuerde, nada es imposible para El. Cada una de sus palabras es verdad. Creo en la Palabra de Dios de pasta a pasta. Creo que un gran pez tragó a Jonás, y si la Biblia hubiera dicho que Jonás tragó al gran pez, lo creería también, porque absolutamente nada es demasiado difícil para Dios.

En la batalla por la mente, debemos tener mucho cuidado con lo que invitemos a entrar en ella. Podemos invitar a demonios que entren en nuestra mente al poner a funcionar la imaginación. Por ejemplo, al imaginarnos o al visualizar a una persona de nuestro pasado que anda con nosotros, un espíritu familiar podría entrar en nuestra mente, aun un espíritu familiar de Jesús falso. Esto ha ocurrido en mi ministerio, y he tenido que ordenar salir de muchas personas espíritus falsos de Jesús. Sencillamente, eran espíritus familiares que decían ser Jesús. Dicen: "Soy Jesús. Soy amor. Te amo. No me eches de ti". Entonces les digo: "Tú, que dices ser Jesús, te ordeno salir en el nombre de Jesucristo, el Hijo del Dios viviente", y tienen que salir.

La Santa Biblia nos exhorta a probar los espíritus, para saber si son de Dios (1 Juan 4:1). Recuerde, Pablo dice que el diablo viene como ángel de luz, para engañar a los santos de Dios. Todo eso pasa sobre todo dentro de la mente. Puede ser que usted pregunte: "¿Qué es verdadero y que es falso?"

El Espíritu Santo es verdadero; es el Espíritu de Verdad, y El le guiará a toda la verdad. La sencillez de Cristo es real.

¿Cómo podemos distinguir cuando Dios habla con nosotros? Todos quieren saber esto. Una vez, un hombre me llamó sobre un problema en su iglesia. La gente llegaba con "palabras" que el Señor supuestamente les había dado. Le pregunté:

"¿Sintió paz en su espíritu al oír ese mensaje? ¿Fue confirmado por dos o más personas? ¿Estaba de conformidad con la Palabra de Dios o estaba en contra? ¿Esas palabras fueron de edificación, exhortación, o consuelo para esa porción del Cuerpo de Cristo?" (1 Corintios 14:3). "Pruebe cada palabra", le dije. "El Espíritu Santo no se molesta si le probamos".

Tenemos que llevar todo pensamiento cautivo a la obediencia a Cristo.

Tenemos que usar la Espada del Espíritu, que es la Palabra de Dios, y tomar control sobre nuestros pensamientos. La Biblia afirma:

> "...lo necio del mundo escogió Dios, para avergonzar a los sabios; y lo débil del mundo escogió Dios, para avergonzar a lo fuerte" (1 Corintios 1:27).

¿Quiere esto decir que vamos a confrontar a los sabios con nuestras necedades o debilidades? No;

Jesús dijo que el Espíritu Santo hablaría por nosotros:

> "...ante gobernadores y reyes seréis llevados por causa de mí, para testimonio a ellos y a los gentiles. Mas cuando os entreguen, no os preocupéis por cómo o qué hablaréis; porque en aquella hora os será dado lo que habéis de hablar" (Mateo 10:18-19).

¿Cómo será esto? Por medio del Espíritu Santo dentro de usted.

Recuerdo hace muchos años cuando era muy nuevo en las cosas del Espíritu, me pidieron que empezara una reunión en una ciudad cerca a mi casa. Cuando estaba dando una enseñanza básica sobre el bautismo en el Espíritu Santo, un sacerdote llegó a la reunión para observarme. Cada vez que citaba un versículo, me pedía la cita exacta: "¿Dónde dice esto en la Biblia?" Yo era muy nuevo en la fe, y no podía recordar las citas exactas, como pasa muchas veces, sabemos que algo está en la Biblia pero no siempre recordamos el capítulo y el versículo. Pero en este momento, algo maravilloso pasó. El Espíritu Santo me traía a la mente los capítulos y los versículos, como si yo tuviera años en eso. Después de la reunión, me maravillé, la gente estaba admirada, lo mismo el sacerdote en cuanto a mi conocimiento.

Pero supe que no había sido yo, sino el Espíritu Santo que traía a mi memoria todos los versículos que había leído.

Entonces, hermanos, resulta que todo lo que vemos y oímos queda registrado en la mente. No es difícil para Dios obrar en el cerebro y traer a nuestra memoria todo lo que suponíamos que se nos olvidó. Todo está almacenado allí, y el Espíritu Santo lo puede sacar para confundir a los sabios. Por esto Pablo dice:

> "Pero el hombre natural no percibe las cosas que son del Espíritu de Dios, porque para él son locura, y no las puede entender, porque se han

de discernir espiritualmente. En cambio el espiritual juzga todas las cosas; pero él no es juzgado
de nadie. Porque ¿quién conoció la mente del
Señor? ¿Quién le instruirá? Mas nosotros tenemos la mente de Cristo" (1 Corintios 2:14-16).

¿Cómo es esto? Por medio de los dones del
Espíritu Santo, que se han dado al Cuerpo de
Cristo. Hemos recibido por el Espíritu Santo, la
palabra de conocimiento, la palabra de ciencia y el
discernimiento de espíritus, para que podamos saber lo que Dios conoce sobre algo en particular.

Al hablar en lenguas, interpretar lenguas, y pro-
fetizar, podemos decir lo que Dios quiere que diga-
mos. Por medio de los dones de sanidad, milagros, y
fe, podemos hacer lo que Dios quiere que hagamos.

En vista de todo eso, hermanos, es importante
que dejemos al Espíritu Santo tomar control completo sobre nuestra mente. Recuerde, casi todos nuestros problemas están allí. Algunas veces cuando Le
pedimos a Dios algo o le entregamos un problema,
vacilamos en nuestro pensamiento. Nuestra mente
quiere volver a encargarse del problema, y a veces
juzgamos que podemos encontrar una solución mejor y más rápida que Dios. Pero no hay que vacilar,
sino pedir con certidumbre de fe, sin que haya la más
leve sombra de duda o incredulidad. Mejor dicho,
evitar que ahorita decidamos algo y a los cinco
minutos se haya cambiado esa determinación, pues
esto es lo que la Biblia llama "doble ánimo", (doble
alma o doble mente):

> "El hombre de doble ánimo es inconstante en
> todos sus caminos" (Santiago 1:8).

Confíe a Dios su problema:

> "Los que confían en Jehová son como el monte
> de Sion, que no se mueve, sino que permanece
> para siempre" (Salmo 125:1).

Pablo le dijo a Timoteo que el Espíritu crearía en
él dominio propio y una mente sana, pero Dios

también nos da libre albedrío. Como el diablo sabe esto, trata de cautivar nuestra mente. Hay, y siempre habrá, una batalla por la mente todos los días de la vida porque somos esclavos del que controla nuestra mente. Una mente firme, que ama la justicia de Dios y odia el pecado y la maldad como lo hace Dios, también afectará el cuerpo para bien.

> "porque las armas de nuestra milicia no son carnales, sino poderosas en Dios para la destrucción de fortalezas" (2 Corintios 10:4).

¿Cuáles fortalezas? Las fortalezas de la mente. Los pensamientos que vienen y que se hacen fuertes allí, tienen que ser derribados por el poder del Espíritu Santo.

Cuando recibí la llamada telefónica que mi esposa y mi familia estaban en aquel accidente terrible y que había la posibilidad que murieran, el diablo bombardeó mi mente con toda clase de imaginaciones negativas. Probablemente usted ha tenido experiencias parecidas. Me vinieron pensamientos semejantes como: "Ella va a morir...si ellas viven, quedarán deformes...tu ministerio ha terminado porque tu esposa no estará contigo...¿Qué voy a hacer?...¿Dónde voy a vivir?" Todos estos pensamientos pasaron por mi imaginación. El diablo hacía fiestas conmigo hasta que tomé control de mi mente, y dije: "No; no será así. Esas ideas no pueden quedarse en mí, porque soy templo del Espíritu Santo, y el Espíritu Santo es Dios. El está en control de mi mente y guiando mi camino".

Familia, cuando el enemigo viene como río, hay que alzar bandera contra él. Citele la Palabra de Dios. Tome un versículo favorito, –la Espada del Espíritu, que es la Palabra de Dios, y úselo contra él. Uno de mis versículos favoritos es el siguiente:

> "Ninguna arma forjada contra ti prosperará, y condenarás toda lengua que se levante en juicio contra ti. Esta es la herencia de los siervos de

Jehová, y su salvación de Mí vendrá, dijo Jehová"
(Isaías 54:17).

Clame al Espíritu Santo para que le llene de su
amor perfecto. La Biblia dice:

"En el amor no hay temor, sino que el perfecto
amor echa fuera el temor; porque el temor lleva
en sí castigo..." (1 Juan 4:18).

Cuando el enemigo le ataque, recuerde quién es
usted. Recuérdele al diablo quién es, un hijo de Dios,
y él no puede hacer sus cosas a un hijo de Dios.
Dígale: "Tú no puedes llenarme con esos pensamientos. No permitiré que estén en mi mente ni un
momento. Todos ustedes salgan de mi mente en el
nombre de Jesús".

¿Terminará la batalla? No; no mientras estemos
en este mundo. El enemigo de su alma tratará de
atormentarle con sus espíritus, y usted estará ator-
mentado si los acepta.

Familia, debemos recordar quiénes somos. Somos
pecadores salvados por gracia, Dios nos amó tanto
que nos dio libremente Su Espíritu. No nos dio Su
Espíritu debido a que seamos algo especial (todas
nuestras justicias son como trapos de inmundicia).
No; por el contrario, nos amó y nos vistió con Su
justicia. ¡Gloria a Dios! Después, recuérdese quién
es el Espíritu Santo. Háblele: "Tú eres amor, eres
gozo, eres paz, eres paciencia, eres bondad, eres
benignidad, eres fe, eres mansedumbre, eres templanza. Eres todas estas cosas y muchas más".

Tenemos que empezar a hacer lo que Pablo nos
dice:

"Por nada estéis afanosos, sino sean conocidas
vuestras peticiones delante de Dios en toda oración y ruego, con acción de gracias. Y la paz de
Dios, que sobrepasa todo entendimiento, guardará vuestros corazones y vuestros pensamientos en Cristo Jesús. Por lo demás, hermanos,
todo lo que es verdadero, todo lo honesto, todo
lo justo, todo lo puro, todo lo amable, todo lo

> que es de buen nombre; si hay virtud alguna, si
> algo digno de alabanza, en esto pensad" (Fili-
> penses 4:6-8).

Para terminar, quiero dejarles a todos ustedes la exhortación siguiente que el Espíritu Santo inspiró a Pablo:

> "Lo que aprendisteis y recibisteis y oísteis y
> visteis en mí, esto haced; y el Dios de paz estará
> con vosotros" (Filipenses 4:9).

"Te doy gracias, Señor, por el precioso Espíritu Santo. Te doy gracias, Jesús, por darnos el Consolador, que está con nosotros y dentro de nosotros".

Ahora, que el Espíritu Santo nos guíe a toda verdad y nos llene con Su conocimiento, para hacernos como nuestro Señor Jesús. Amén y Amén.

8

El espíritu de Jezabel

Cuando Dios edifica una iglesia, el diablo obra allí también. Uno de los principales espíritus que el diablo envía para destruir la iglesia es el espíritu de Jezabel. A veces en los hogares de los miembros de una congregación, hay una fuerza espiritual que actúa. Este espíritu llena la iglesia con discordia, rebeldía, y divisiones. En cuanto a la rebeldía, la Biblia dice que es como el pecado de la adivinación, o sea, la hechicería. En un hombre o en una mujer puede haber el espíritu de Jezabel, sin que ellos se den cuenta. Piensan que sus acciones en sus hogares y en su iglesia proceden de su propia mente.

La Biblia dice:

"Los opresores de mi pueblo son muchachos, y mujeres se enseñorearon de él. Pueblo mío, los que te guían te engañan, y tuercen el curso de tus caminos" (Isaías 3:12).

Mujeres, muchachos y hombres débiles o afeminados son nuestros opresores. Esto ocurre cuando no hay el ejercicio correcto de la autoridad en el hogar. En algunas denominaciones, los homosexuales buscan que se les reconozca y se les conceda preeminencia como grupo. Inclusive, han incursionado en la extructura política de algunas ciudades principales. Al movimiento feminista lo impulsa y lo aviva Satanás para estorbar a la sociedad. Los hijos ya dicen a los padres qué hacer. El espíritu de Jezabel hace errar a la gente y destruir sus propios caminos.

Los hombres creyentes son los responsables para ejercer autoridad en sus hogares y en su nación. Algunos tendrían que rendir cuentas a Dios porque han abandonado su lugar de liderazgo.

> La Escritura trae esta admonición: "Hijos, obedeced en el Señor a vuestros padres, porque esto es justo. Honra a tu padre y a tu madre, que es el primer mandamiento con promesa; para que te vaya bien, y seas de larga vida sobre la tierra. Y vosotros padres, no provoquéis a ira a vuestros hijos, sino criadlos en disciplina y amonestación del Señor" (Efesios 6:1-4).

El modelo para la vida familiar lo da la Biblia. La autoridad en el hogar descansa en su sacerdote. El padre es este sacerdote. La madre es la diaconisa, y los hijos forman la congregación. El padre y la madre son responsables ante Dios de regir su hogar en el orden divino. Dios ordenó a la familia para ser su iglesia. La autoridad se le da al padre. Cuando entra un espíritu de Jezabel al hogar, la autoridad la ejerce la persona no indicada.

> El apóstol afirma: "Pero quiero que sepáis que Cristo es la cabeza de todo varón, y el varón es la cabeza de la mujer, y Dios la cabeza de Cristo". (1 Corintios 11:3).

Sin embargo, es cierto que la mujer puede tener puestos de liderazgo en los negocios y también en lo espiritual. Por ejemplo, Proverbios 31 describe una mujer virtuosa que está comprometida en negocios, y cuyo hogar está en el orden divino.

> En Filipenses 4:3, Pablo exhorta a su compañero para que ayude a "éstas [*Evodia y Síntique, mujeres*] que combatieron juntamente conmigo

en el evangelio, con Clemente también y los demás colaboradores míos, cuyos nombres están en el libro de la vida".

El espíritu de Jezabel y de hechicería puede tomar muchas formas. Por ejemplo, un hombre se une a una iglesia, pero su deseo secreto es adelantar su propio ministerio. Esta persona coopera con el liderazgo de la iglesia solo hasta el punto de ver avanzados sus propios planes. A menudo esta clase de persona reúne a su alrededor a algunos miembros de la iglesia debido a su personalidad o a su conocimiento. En el momento en que el tiempo es propicio para su objetivo, saldrá a la iglesia y se llevará a otros consigo. Dios no lo envió a la iglesia, sino lo hizo un espíritu de Jezabel.

¿Cómo era la Jezabel de la Biblia? Era rebelde, mentirosa, manipuladora, que también usurpó la autoridad de su esposo, el rey Acab. Escribió cartas y después las firmó con el nombre de Acab y les puso el sello del rey, para posteriormente enviarlas a los ancianos y a los principales (1 Reyes 21:8). Persiguió a los profetas del Señor (1 Reyes 18:4). También controlaba a 450 profetas de Baal y a 400 profetas de Asera, que comían a su mesa (1 Reyes 18:9).

La influencia de Jezabel busca controlar a otros por medio de los poderes asociados con la mente, la voluntad, y las emociones, es decir con el alma: manipulación, dominio, e intimidación. Esta influencia motiva a la persona a hacer su propia voluntad, y se autojustificará al hacerlo. Si a esta forma de obrar no se le pone freno, llegará a ser un control demoníaco.

Este poder que obra en el alma para manipular, se puede expresar tanto en los hombres como en mujeres. Es posible tener en el hogar un padre que gobierna con mano de hierro, y amenaza con reacciones violentas si las reglas se rompen. Domina por medio del temor. Esta clase de hombres disfruta de los placeres de la vida, pero, lo niegan a la esposa e hijos. Es capaz de dar a su esposa y a su familia un tratamiento de silencio durante semanas enteras. Si es pastor, regirá según la letra de la ley, y no según la misericordia.

Luego, tenemos las mujeres que controlan al esposo y a la familia con enfermedades imaginarias. Hay otras que manipulan a través de las lágrimas, el dolor de cabeza, o la frigidez en la alcoba. Dicen: "Si verdaderamente me amaran, harían...". Estas mujeres muchas veces tratar de amarrar a los hijos, aun después que se casan. Si el esposo, en cada caso abdica su responsabilidad en el hogar, Jezabel puede tomar completo control.

¿Cómo podemos reconocer la influencia de Jezabel? La Escritura dice:

> "Quién es sabio y entendido entre vosotros? Muestre por la buena conducta sus obras en sabia mansedumbre. Pero si tenéis celos amargos y contención en vuestro corazón, no os jactéis, ni mintáis contra la verdad; porque esta sabiduría no es la que desciende de lo alto, sino terrenal, animal, diabólica. Porque donde hay celos y contención, allí hay perturbación y toda obra perversa" (Santiago 3:13-16).

Este pasaje da una descripción perfecta de la reina Jezabel. Ella tenía celos de amargura contra Elías, y lo quería matar. Era egoísta, y era la cabeza de una religión completamente demoníaca. Su sabiduría estaba lejos de ser la que ilustra la Santa Biblia: "...pacífica, amable, benigna, llena de misericordia y de buenos frutos..". (Santiago 3:17)

Esta porción le ayudará a discernir si hay una influencia del espíritu de Jezabel en su propia vida, o en la de otra persona:

- 1. ¿Hay dominación en vez de mansedumbre?
- 2. ¿Hay orgullo y autojustificación?
- 3. ¿Hay fruto que es bueno y que perdura?

- 4. ¿Hay confusión y obras perversas?
- 5. ¿Hay verdad o error?
- 6. ¿Hay contiendas y separación?
- 7. ¿Hay murmuraciones o sometimiento?

Dios tiene la respuesta ante la influencia de Jezabel. En el hogar: "El hará volver el corazón de los padres hacia los hijos, y el corazón de los hijos hacia los padres, no sea que yo venga y hiera la tierra con maldición" (Malaquías 4:6). En la iglesia: "Obedeced a vuestros pastores, y sujetaos a ellos; porque ellos velan por vuestras almas, como quienes han de dar cuenta; para que lo hagan con alegría, y no quejándose, porque esto no os es provechoso" (Hebreos 13:17).

Para ser libre del espíritu de Jezabel:

1. Usted debe perdonar a todos los que le hayan herido o maltratado en alguna manera. También es indispensable perdonarse a sí mismo. Después, hay que seguir las palabras de Jesús: *"Por tanto, si tu hermano peca contra ti, vé y repréndele estando tú y él solos; si te oyere, has ganado a tu hermano".* (Mateo 18:15)

2. Renunciar a la esclavitud de Jezabel, y ordenar salir de usted, de la familia, del hogar y de la iglesia, en el nombre de Jesús, todos los espíritus asociados con Jezabel, que son: Jezabel, Acab, dominio, control, manipulación, confusión, autoadulación, mentiras, murmuraciones, jactancia, obras perversas, envidias amargas, autojustificación, orgullo, división, hechicerías, adulterio espiritual, y todos los espíritus afines. Después de ordenarles salir a todos, respirar profundo y exhalar.

    Dice la profecía: "Restauraré tus jueces como al principio, y tus consejeros como era antes; entonces te llamarán Ciudad de justicia, Ciudad fiel". (Isaías 1:26)

Ahora, invite al Espíritu Santo para que entre y tome el lugar donde estaban todos los espíritus afines con el espíritu de Jezabel. Después diga: "Mi nombre ahora es Ciudad de Justicia; soy Ciudad fiel. Amén y amén".

9

Espíritus íncubo y súcubo

"Y la persona que atendiere a encantadores o
adivinos, para prostituirse tras de ellos, yo pon-
dré mi rostro contra la tal persona, y la cortaré
de entre su pueblo" (Levítico 20:6).

Los espíritus íncubo y súcubo entran en la categoría de espíritus familiares. En este versículo Dios
Padre declara su sentir en cuanto a ellos. Todo
contacto con ellos es una abominación para El.
Muchas veces la gente me pregunta: "¿Qué quiere
decir 'íncubo' y 'súcubo'?"

Un espíritu íncubo es un espíritu maligno que
toma forma masculina para tener relaciones sexuales con mujeres. El súcubo es un demonio que toma
la apariencia femenina para tener relaciones sexuales con hombres. El diccionario Webster da esta
misma definición.

Con mucha frecuencia las personas me dicen:
"¿Cómo es posible que los espíritus tengan relaciones
sexuales con los seres humanos?" Las Escrituras nos
informan que esto pasó en la antigüedad:

"Aconteció que cuando comenzaron los hombres a multiplicarse sobre la faz de la tierra, y les
nacieron hijas, que viendo los hijos de Dios que

las hijas de los hombres eran hermosas, toma-
ron para sí mujeres, escogiendo entre todas"
(Génesis 6:1-2).

Los hijos de Dios mencionados aquí son los mismos que aparecen en pasajes de la Biblia como: *"Un
día vinieron a presentarse delante de Jehová los hijos
de Dios, entre los cuales vino también Satanás"* (Job
1:6). Otra porción donde se mencionan estos personajes se encuentra en Job 2:1

Creo que la designación de hijos de Dios se refiere
a los ángeles, porque Satanás también era un ángel.
Además sabemos que una tercera parte de los ángeles o hijos de Dios, se rebelaron con Satanás y son
ángeles caídos (Apocalipsis 12:4,9). Sin embargo,
según la Carta a los Hebreos se les creó para ser
espíritus ministradores: *"¿No son todos espíritus ministradores, enviados para servicio a favor de los que
serán herederos de la salvación?"* (Hebreos 1:4).

Dios Padre rechazó la conducta depravada de los
hombres y de los ángeles que tenían relaciones sexuales. En efecto, la Biblia afirma:

"Y se arrepintió Jehová de haber hecho hombre
en la tierra, y le dolió en su corazón. Y dijo
Jehová: Raeré de sobre la faz de la tierra a los
hombres que he creado, desde el hombre hasta
la bestia, y hasta el reptil y las aves del cielo; pues
me arrepiento de haberlos hecho. Pero Noé halló
gracia ante los ojos de Jehová" (Génesis 6:6-8).

Podemos darnos cuenta por estos pasajes que
toda comunicación o contacto con espíritus familiares es abominación al Señor. Porque nuestro Dios es
celoso, como El mismo dice: *"–yo soy Jehová tu
Dios–que visito la iniquidad de los padres sobre los
hijos hasta la tercera y cuarta generación de los que
me aborrecen".* (Exodo 20:5)

"¿Cómo puede ser esto..." me preguntó una seño-
rita llamada María, "...si soy virgen?" Yo acababa de
dar una conferencia sobre la expulsión de espíritus
que aparecen nombrados en la Biblia, y mencioné

que me buscara después toda persona que creyera haber tenido algún contacto con espíritus de íncubo o súcubo. Detrás de María se encontraban de pie más de cuarenta hombres y mujeres. Calculé que si había tantos en la fila, en una audiencia de más de 3.000 personas, seguramente el doble de esta cantidad, tenía vergüenza de pasar adelante.

María estaba siendo atacada casi todas las noches por un espíritu íncubo. Aun manifestó que el espíritu la noche anterior desgarró su pijama en el esfuerzo por alcanzarla. Había un círculo de espíritus de hechicería en sus órganos reproductores que invitaban al espíritu íncubo a tener relaciones sexuales con ella. Descubrí que toda su familia estaba comprometida en la hechicería. Su mamá, que se encontraba en la fila detrás de ella, tenía problemas similares. Cuando ordené la salida de los espíritus de lesbianismo y todos los demás demonios que querían tener sexo oral con hombres, los espíritus hicieron que María, con ojos encendidos y las manos como garras, me gritara: "¡No, no saldré!" Poco después había dicho: "¿Cómo puede ser esto, si soy virgen?"

Le dije que había recibido por herencia muchos de estos espíritus, y después llegaron más cuando se comprometió en forma voluntaria con la hechicería. Le expliqué que la ministración que recibía esta noche iba a servir de medida preventiva, para que no entraran en ella posteriormente espíritus de lesbianismo, sexo oral, y toda otra clase de espíritus de actividad sexual depravada. Ordené a los espíritus de hechicería en sus órganos reproductivos separarse unos de otros, pues se tomaban entre sí para fortalecerse. Ordené que salieran de su cuerpo por la garganta y por la boca en el nombre de Jesús. Salieron y quedó libre. Volvió al día siguiente, para decir que había tenido una noche de sueño en paz, como por primera vez podía recordar. ¡Gracias, Señor Jesús, por el ministerio de liberación en tu precioso nombre! Esto tuvo lugar en una conferencia de liberación en la ciudad de México.

La primera vez que contacté un espíritu íncubo, me encontraba en las Islas Vírgenes. Una señora me dijo que tuvo todos los síntomas de una mujer encinta. Sentía como si en el vientre tuviera un bebé que se movía, pero el médico dijo que no estaba embarazada. En ese tiempo, ya había leído sobre el espíritu de íncubo, pero nunca había echado fuera uno. Entonces, hice acopio de valor y hablé: "En el nombre de Jesús, ordeno que salga el espíritu íncubo y el origen de este embarazo fantasma". Le aconsejé respirar profundo, y toser para facilitar la expulsión. Con eso, salió. Esta mujer también había estado muy comprometida en el ocultismo. Es mi convicción que los espíritus íncubos y súcubos se unen a todo lo que tiene que ver con el plano de lo oculto.

> "Concebimos, tuvimos dolores de parto, dimos
> a luz viento"–. (Isaías 26:18)

Juan era un joven que se enamoró de Marilyn Monroe. Sus películas le fascinaban, y las veía una y otra vez. En la alcoba tenía una foto ampliada de ella y en frente le prendía velas, pues adoraba su imagen. La imaginaba desnuda en sus brazos mientras tenía relaciones sexuales con él. Con mucha frecuencia miraba esa foto y se masturbaba. De esta manera, abrió una puerta para que le visitara un espíritu súcubo con la apariencia de ella. Estaba bajo servidumbre y atado, hasta que rechazó esta esclavitud y recibió liberación. La lujuria abrió la puerta por medio de la fantasía.

Una señora llamada Dolores, en Cali, Colombia, estaba en la fila para recibir oración. Tenía la apariencia de seis meses de embarazo. Resultó no ser así. Manifestó haber estado muy metida en hechicería y espiritismo. Me dijo que el espíritu íncubo era tan fuerte y decidido que al llegar a su cama empujaba al esposo para que saliera del lecho, y así tener relaciones con ella. No pude conversar mucho con ella por falta de tiempo, pues había centenares en la fila de oración, pero le dije que sí se podía cambiar esa situación: Que reconociera y aceptara al Señor Jesucristo como su Señor y Salvador, que buscara el bautismo del Espíritu Santo, que leyera la Biblia, y ordenara salir el espíritu íncubo en el nombre de Jesús.

Como el esposo de Joyce había muerto hacía poco, se encontraba deprimida y muy sola. Expresaba muchas veces su deseo de ver a su esposo y oír su voz. Una noche, creyó que su esposo vino a ella y le tomó la mano, diciendo que él también se sentía solo. Con esta aparición se consoló. En otra oportunidad, dice que vino a la cama y la abrazó. Se sintió muy consolada por estas visitas. Después, volvió y le hizo el amor. De pronto, como sucedía así todas las noches, se dio cuenta que era malo. ¡Alabado sea Dios! Fue liberada de un espíritu íncubo. ¿Cómo entró ese espíritu?, le dio entrada al decir: "Cuánto me gustaría ver y oír a mi esposo". El dios de este mundo, que es el diablo, nos dará los deseos de nuestro corazón y podemos quedar atrapados por medio de nuestras palabras.

> Jesús dijo: "El ladrón no viene sino para hurtar y matar y destruir; Yo he venido para que tengan vida, y para que la tengan en abundancia" (Juan 10:10).

Las personas que han perdido seres queridos a menudo son presa fácil para el engaño de espíritus familiares. El espíritu maligno puede venir en la forma, y con la voz, de su cónyuge muerto, para aparentemente ofrecer consuelo. Puede decir algo como: "¿Por qué no vienes donde estoy? Es maravilloso aquí. Hay paz, y puedes estar conmigo. Lo único que tienes que hacer es tomar todo ese frasco de pastillas, y tú y yo podemos estar felices juntos". Entonces, entra un espíritu de suicidio.

Mucha gente solitaria ha escuchado la voz de un espíritu familiar. Por eso es importante pertenecer a la familia de Dios, y saber que Jesús nunca nos dejará ni nos desamparará.

Marta era una bailarina que se convirtió. Le gustaba levantarse temprano en la mañana, y hacía ejercicio bailando desnuda en su cuarto. Una mañana, oyó una voz que le dijo: "Tu danza es hermosa. Baila para mí. Este es Jesús, el amado de tu alma". Entonces, Marta bailaba y danzaba. La voz llegó a serle muy familiar. Una mañana, oyó decir a la voz: "Pasa tus manos por tu cuerpo mientras bailas. Tu cuerpo es hermoso porque lo hice". Como creía que la voz era de Jesús, entonces pasó las manos por su cuerpo, por sus senos y partes femeninas. De repente, empezó a masturbarse y no pudo dejar de hacerlo. Aun al quitar sus manos, tuvo un clímax y otro. Pensó que estaba enloqueciendo, y buscó ayuda en mi esposa y en mí. Ordenamos que saliera el espíritu de narcisismo y el espíritu familiar que había dicho "tu baile es hermoso". Les ordenamos salir en el nombre de Jesús. El espíritu de narcisismo es el espíritu maligno de auto-amor y egolatría. También ordenamos salir en el nombre de Jesús a todo espíritu de error, espíritus mentirosos y la fuente de la voz que ella había oído. ¡Gloria a Dios, fue liberada!

El solo hecho de oír una voz que diga, "Yo soy Jesús", no quiere decir que en realidad sea el Señor Jesús. Por eso la Biblia nos advierte: *"Amados, no creáis a todo espíritu, sino probad los espíritus si son de Dios..."* (1 Juan 4:1). Marta no había probado los espíritus. Era una creyente demasiado nueva. Debería haber compartido en oración su experiencia con una amiga, o con su pastor.

En mi libro: *"Escape de la prisión de Satanás"*, describo otro caso de un espíritu íncubo. Vivimos en Miami, Florida, EE. UU., desde 1951 hasta 1982, en una casita en un barrio del sur-occidente de la ciudad. Cuando recibimos el bautismo del Espíritu Santo en 1967, abrimos nuestro hogar para reuniones de oración. Nuestra casa se transformó en una iglesia. Nuevos creyentes de toda denominación y toda raza llegaban a nuestro hogar para buscar el conocimiento del Espíritu Santo. Nosotros aprendimos mientras ejercíamos la obra.

Creo que los espíritus inmundos residen en varias partes del cuerpo. He descubierto espíritus en los órganos reproductivos de hombres y mujeres.

En la ciudad de Guatemala oré por un hombre joven con dolor severo en los testículos. Cuando toqué su frente al orar por él, cayó al suelo. Sus ojos se volvieron hacia atrás, lo cual me indicó un espíritu de hechicería. Ordené que salieran en el nombre de Jesús todos los espíritus de hechicería en sus testículos. El tosió y salieron. Desapareció el dolor en los testículos.

A veces los espíritus de íncubo residen en los órganos reproductivos de las mujeres. Muchas veces hacen a una mujer estéril, porque destruyen el semen del esposo, a fin de mantener esta parte de su cuerpo para ellos. He ordenado salir en el nombre de Jesús a los espíritus que atacan la simiente del marido.

En una iglesia en Connecticut, EE. UU., ministramos a una señora que tenía leche en los senos después de sus relaciones con un espíritu íncubo. Este hecho es real; el diablo y sus huestes no son cosa de la imaginación. Si a la gente le gusta jugar con fuego, se quemará.

> "¿No sabéis que vuestros cuerpos son miembros de Cristo? ¿Quitaré, pues, los miembros de Cristo y los haré miembros de una ramera? De ningún modo. ¿O no sabéis que el que se une con una ramera, es un cuerpo con ella? Porque dice: Los dos serán una sola carne" (1 Corintios 6:15-16).

Cuando una persona tiene relaciones sexuales con un espíritu, esa persona llega a ser uno con el espíritu. ¿Se imagina lo que significa llegar a ser uno con un espíritu inmundo? Después, ¿cómo podremos desenredarnos de la telaraña en que hemos caído? Aquí están los pasos:

1. Arrepentirse, y pedirle a Dios que perdone el compromiso con los espíritus inmundos.

2. Cubrirse con la sangre preciosa de Jesús.

3. Liberarse a sí mismo, o buscar la ayuda de otra persona.

TRATAMIENTO DE LAS ATADURAS SEXUALES

"En el nombre de Jesús, ordeno que salga de mí, todo espíritu de lujuria, concupiscencia, fantasías lujuriosas perversiones, fornicación, adulterio, masturbación, sexo oral, sodomía, incesto, violaciones, homosexualismo, lesbianismo, sexo anal, sexo con espíritus, con íncubo y súcubo, pornografía, lujuria de los ojos, prostitución, infidelidad, aborto, y todo espíritu inmundo sexual". Respire profundo, y expulse a los espíritus en el nombre de Jesús. Muchas veces les digo a las personas respirar profundo y toser en el nombre de Jesús. Digo: "Al principio empezará tosiendo con su voluntad, pero al final puede ser que esté tosiendo involuntariamente".

Creo que casi todas las personas comprometidas con espíritus íncubo y súcubo también lo están con alguna forma de ocultismo. Entonces, asimismo deben buscar liberación de los espíritus de ocultismo.

ESPIRITUS DE OCULTISMO

Ahora, vamos a tratar con los espíritus de ocultismo. Repetir esta oración: "Señor, confieso que busqué de Satanás y sus demonios la ayuda y el conocimiento que debe venir solamente de Dios. Confieso esto como pecado (nombrar toda clase de compromiso en el ocultismo en que se haya comprometido) y también los que no puedo recordar. Señor, ahora renuncio a estos pecados, y te pido que me perdones. Renuncio a Satanás y todas sus obras; le aborrezco a él y a todos sus demonios. Los considero como mis enemigos. En el nombre de Jesucristo, cierro la puerta a toda práctica de ocultismo. Ordeno que salgan de mí, en el nombre de Jesús, Hijo de nuestro Dios Viviente, todos los espíritus de ocultismo". En este momento, nombre cada una de sus prácticas de ocultismo y el espíritu relacionado con cada una, y ordene que salgan en el nombre de Jesucristo. Respire profundo y expulse a los espíritus.

Al terminar, ore así:

"Espíritu Santo, Espíritu del Dios Viviente, te pido que entres en mí y que llenes los lugares donde estaban los espíritus malignos que ordené salir de mí, en el nombre de Jesús".

Hay personas que rehusan aceptar la posibilidad (o aun la seguridad) de estar siendo oprimidas por demonios, porque les da la vergüenza. De hecho, los demonios dirán que se debe estar avergonzado y apenado si se siente la necesidad de liberación. De esta manera pueden mantener su presencia "secreta" en su vida, especialmente en el caso de un espíritu íncubo o súcubo. Pero para las personas que le rodean a usted, estos demonios de pronto no son tan "secretos".

Mientras puede ser penoso decir la verdad que neciamente anduvo descalzo sobre la tierra llena de puntillas, tachuelas, clavos, y espinas, sería mucho más necio dejar que estas puntillas, clavos y espinas estuvieran clavados en sus pies. La elección más sabia y valiente sería admitir su necesidad, y sacar fuera estas fuentes malignas de destrucción y tormento.

Si ha tratado de liberarse de un demonio, pero todavía tiene luchas contra él, busque a alguien que tenga conocimiento en esta área para apoyarle. No tiene porqué soportar más ese tormento. Dejar al demonio allí, no le da la gloria a usted, ni gloria a su familia y ciertamente no glorifica a Dios.

Muchos de los temas sobre las experiencias de este libro le pueden animar a saber más. He tratado muchos problemas y preguntas en otros dos de mis libros: *Llaves para ministrar liberacion y sanidad,* y *Manual para obreros cristianos* de liberación. Otros libros también se citan en la contracarátula.

Muchas gracias,
Evangelista Frank Marzullo.

10

Preguntas y respuestas

1. ¿Tenemos la autoridad para reprender y atar a los demonios?

   Hay varios versículos que indican que tenemos esa autoridad:

   a. Lucas 10:19, "He aquí os doy potestad de hollar serpientes y escorpiones, y sobre toda fuerza del enemigo, y nada os dañará".

   b. Mateo 12:29, "Porque ¿cómo puede alguno entrar en la casa del hombre fuerte, y saquear sus bienes, si primero no le ata? Y entonces podrá saquear su casa".

   c. Mateo 16:19 "Todo lo que atares en la tierra será atado en los cielos; y todo lo que desatares en la tierra será desatado en los cielos".

2. ¿Podemos creer en objetos religiosos sin poder?

   ¿De qué fuente vienen esos objetos, quiénes los hicieron, y por qué los retiene?

   Por ejemplo, si lleva una cruz en el cuello para protección, es un amuleto. Nuestra protección está en la sangre del Cordero.

3. Puede uno imponer las manos sobre alguien que esté recibiendo liberación?

    No es necesario, pero se puede hacer, si así le guía el Espíritu Santo.

4. ¿Pueden los demonios pasar de la persona recibiendo liberación a la persona que le está ministrando?

    Sí, si la persona que está ministrando no tiene el poder del Espíritu Santo.

5. ¿Qué pasa si un creyente dona sangre a una persona que no es creyente?

    El no creyente recibe sangre santificada.

6. ¿Cuántas clases de alma hay en una persona?

    Una sola.

7. ¿Qué es un espíritu de íncubo, y un espíritu de súcubo?

    Un espíritu de íncubo es un demonio que actúa en forma masculina para tener sexo con las mujeres, y un espíritu de súcubo es un demonio que actúa en forma femenina para tener sexo con los hombres.

8. ¿Cómo es posible que la causa de enfermedad pueda ser un demonio?

    No toda enfermedad es causada por un demonio. Algunas enfermedades vienen a causa de nuestro descuido. Pero muchas enfermedades sí, son causadas por demonios. Dice Lucas 13:11-13, 16 "Y había allí una mujer que desde hacía dieciocho años tenía espíritu de enfermedad, y andaba encorvada, y en ninguna manera se podía enderezar. Cuando Jesús la vio, la llamó y le dijo: Mujer, eres libre de tu enfermedad. Y puso las manos sobre ella; y ella se enderezó luego, y glorificaba a Dios...y a esta hija de Abraham, que Satanás había atado dieciocho años, ¿no se le debía desatar de esta ligadura en el día de reposo?"

9. ¿Por qué no vemos resultados, al orar por la liberación de pueblos que practican la idolatría y el error?

   Aun Jesús no podía hacer muchos milagros en Su propio pueblo, a causa de la incredulidad allí.

10. ¿Es posible orar por la sanidad de una persona, sin que ella primero reciba liberación?

    Sí, se puede, pero si la causa de la enfermedad es demoníaca, se necesita primero la liberación.

11. ¿Dónde se encuentra en la Biblia que la sangre de Jesús nos protege del poder demoniaco?

    Apoc.12:11, "Y ellos le han vencido por medio de la sangre del Cordero y de la palabra del testimonio de ellos, y menospreciaron sus vidas hasta la muerte.

12. ¿Pueden los del equipo de liberación recibir daño de los demonios que ellos echan fuera?

    Lucas 10:19, "He aquí os doy potestad de hollar serpientes y escorpiones, y sobre toda fuerza del enemigo, y nada os dañará".

13. ¿Pueden las personas que están bajo una maldición de hechicería recibir liberación desde una distancia?

    La voluntad de la persona tiene que estar involucrada. Puede recibir liberación por medio de oración por teléfono, o por el uso de paños de oración, como leemos en Hechos 19:11-12; "Y hacía Dios milagros extraordinarios por mano de Pablo, de tal manera que aun se llevaban a los enfermos los paños o delantales de su cuerpo, y las enfermedades se iban de ellos, y los espíritus malos salían".

14. ¿Es normal sentir dolor de cabeza o náuseas, cuando se está echando fuera los demonios?

    El dolor de cabeza puede indicar la presencia de espíritus de hechicería. Las náuseas indican que los demonios están listos a salir. Respire profundo y échelos tosiendo.

15. ¿Cómo puede uno saber si ha recibido liberación verdadera en una liberación congregacional?

La respuesta es afirmativa, si tiene paz.

16. ¿Es peligroso que los niños estén cuando la gente está recibiendo liberación?

No es peligroso. Ellos son protegidos por las oraciones de sus padres.

17. ¿Cómo puede recibir liberación, si ha practicado (recibido) la acupuntura y religiones orientales?

Pedir perdón a Dios, y después ordenar a esos espíritus salir de usted en el nombre de Jesús.

18. ¿Cómo pueden volver los demonios que han sido echados fuera?

Siempre tratarán de volver, entonces uno mismo tiene que mantenerlos fuera, por medio de andar en el Espíritu, no volver a los pecados antiguos, sino a la lectura de la Biblia, y llevar una vida de santidad.

19. ¿Debemos ordenar a los demonios salir por la puerta, o enviarlos al infierno?

Jesús sencillamente los echaba fuera. En una sola ocasión, los demonios le pidieron permiso para entrar en el hato de los cerdos, y Jesús lo permitió. Los cerdos murieron en el mar, pero los demonios no murieron, sino fueron en busca de otros cuerpos donde vivir. Su destino final pertenece a Jesús.

20. ¿Dónde dice en la Biblia que los demonios salen en el aliento o por eructo?

En Marcos 1:23-26, Jesús echó fuera de un hombre un espíritu maligno, y el espíritu salió dando una gran voz. Uno no puede dar un grito sin usar mucho aliento. La palabra para aliento, y la palabra para espíritu en el griego es la misma, "pneuma", o sea, teniendo que ver con el aliento. Los demonios pueden salir en cualquier acto de dejar salir el aliento, en el nombre de Jesús.

21. ¿Qué es un espíritu de Jezabel?

Es un espíritu como el que motivaba a la Jezabel de la Biblia en 1 de Reyes 21. Ella dominaba y controlaba a su esposo, el rey Acab. Ella escribió cartas en su nombre, y las sellaba con su sello. Ella reinaba sobre los profetas de Baal. Ella era una bruja con un espíritu de anti-cristo.

22. ¿Puede una persona recibir liberación si no tiene interés en ser liberada?

Dios no quita la voluntad de una persona. Es necesario desear la liberación para poder recibirla.

23. ¿Es necesario ayunar para recibir o ministrar liberación? ¿por qué Jesús dijo a los discípulos que a veces había que ayunar?

No es necesario siempre ayunar por liberación, pero hay ciertas clases de demonios que exigen más poder, de parte de la persona ministrando liberación, como ocurrió en el caso citado en Mateo 17:21, cuando Jesús echó fuera un espíritu de un muchacho lunático.

24. ¿Por qué manda Dios demonios a gente que no obedece?

Creo que Dios solo manda bendiciones.

25. Dios ordena perdonar, y cuando no lo hacemos, El nos entrega a los verdugos, que son demonios (Mateo 18:34-35).

Cada vez que nos rebelamos contra la Palabra de Dios, hay una maldición conectada con eso, y las maldiciones abren puertas para la entrada de demonios.

26. ¿Puede un creyente recién convertido recibir liberación, o debe recibir doctrina primero?

El puede recibir liberación, pero necesita enseñanza de cómo mantener su liberación. El necesita saber sobre guerra espiritual, para su propio bien.

27. ¿Es posible ministrar liberación en un hogar?

    Sí, un creyente puede ministrar liberación donde sea.

28. ¿Es posible que una persona no viviendo una vida limpia reciba liberación?

    ¿Cuáles pueden ser las consecuencias?

    Puede recibir liberación, pero si no camina en santidad con el Espíritu Santo, los demonios pueden volver, con siete espíritus aun más malignos (Mateo 12:43-45).

29. ¿Qué puedo hacer a favor de un familiar que no es cristiano y está involucrándose en la pornografía, orar o hacer guerra espiritual?

    Hacer las dos cosas, y también dejar un paño de oración en la funda de su almohada (Hechos 19:11-12).

30. ¿Podemos reprender al enemigo en la mente cuando no es posible hablar en voz alta?

    Todo es posible para Dios, pero la Biblia dice hablar con la boca la palabra de fe. Uno puede hacerlo, aun en un susurro.

31. ¿Se puede ministrar liberación a un grupo de adolescentes, y cómo se puede hacer?

    Sí, se puede, si habla a su nivel de entendimiento. Hemos tenido mucho éxito aun en liberación con los niños.

32. ¿Por qué no veo cambio en un ser querido, cuando he orado para que deje prácticas pecaminosas?

    Posiblemente, esa persona no quiere cambiar, y ella tiene libre voluntad (libre albedrío).

33. Personas que están viviendo en unión libre (adulterio, fornicación) pueden recibir liberación?

    Sí, pero tienen que arrepentirse de este pecado y dejarlo (vivir en santidad) o los demonios volverán con muchos espíritus malignos.

34. ¿Qué pasa cuando una persona ha orado durante años por sanidad, y nada pasa?

    Seguir orando, que Dios sanará con el tiempo. El lo promete en Su Palabra. Asegurarse que se haya echado fuera el espíritu de esa enfermedad.

35. Si una persona habla dormida, ¿quiere decir que necesita liberación?

    No necesariamente, pero es posible que sea un demonio hablando. Ordenaría la causa de hablar salir en el nombre de Jesús.

36. ¿Por profecía, me dijeron que tengo el don de sanidad, pero cuando oro por la sanidad de otros, nada pasa. ¿Qué debo hacer?

    Marcos 16:17-18 dice, "Estas señales seguirán a los que creen: En Mi Nombre echarán fuera demonios... sobre los enfermos pondrán sus manos, y sanarán", Si usted es creyente, creer en la Palabra. La profecía llegará a cumplirse, si era profecía verdadera.

37. ¿Cómo podemos proteger a nuestros seres amados de los demonios?

    Podemos orar por ellos y hacer guerra espiritual a su favor, pero tenemos que recordar también que ellos tienen voluntad libre y propia.

38. ¿Puede una persona recibir ataduras solamente por escribir su nombre y mandarlo leer por un espiritista? (Grafología)

    Si la persona dio permiso de usar su nombre, sí; pero la respuesta es no, si no dio permiso, fue hecho sin voluntad, y debe conocer a Cristo y así estará cubierta por la sangre de Jesús.

39. ¿Puede una persona que ha recibido liberación ser atacada por el enemigo, aunque hemos pedido la protección de la sangre de Jesús?

    Los demonios siempre tratan de volver a la casa donde antes vivían, entonces depende de nosotros mantenerlos fuera, viviendo una vida santa.

40. ¿Qué debo hacer si mi esposo es infiel, y resulta que estoy embarazada?

    1 Cor. 7:4 dice que la esposa tiene autoridad sobre el cuerpo de su esposo. Entonces, hay que pelear por él, y ordenar que todo lo que hay en la mente del esposo, que se levanta contra el conocimiento de Cristo sea echado fuera en el nombre de Jesús (2 Cor. 10:5). También ordene salir los espíritus de adulterio; infidelidad, y los espíritus afines, que el esposo vuelva a su primer amor.

41. ¿Puede una persona que tiene un vicio tocar un instrumento musical en la iglesia, y qué resultados puede haber?

    Un vaso sucio no debe ministrar en ninguna función de la iglesia. Puede contaminar a otros en los cultos con los espíritus que él tiene.

42. ¿Cómo es posible saber si una enfermedad es causada por un demonio?

    Por medio del discernimiento de espíritus.

43. Si el ministerio de la liberación es tan importante, ¿por qué Jesús no le dio más importancia, y los apóstoles no enseñaban liberación?

    Jesús vino para destruir las obras del diablo (1 Juan 3:8). Jesús nos ordenó echar fuera demonios en Su nombre (Marcos 16:17). También en Mateo 10:7-8, Jesús declaró: "Y yendo, predicad, diciendo: El Reino de los Cielos se ha acercado. Sanad enfermos, limpiad leprosos, resucitad muertos, echad fuera demonios; de gracia recibisteis, dad de gracia. Pablo enseñaba liberación en Efesios 6:12, y 2 Cor. 10:4-5. Pablo echó fuera demonios en Hechos 16:16-18.

44. Un grupo profético quiso orar por mí, y dijo que mi mente estaría guiada por el profeta. ¿Eso está bien?

¡No! Su mente debe ser guiada solamente por el Espíritu Santo y la Palabra de Dios.

45. ¿Por qué, si los demonios son espíritus, algunas personas dicen que ven gatos, perros, u otros animales salir de la gente que recibe liberación?

Los demonios pueden tomar muchas formas. En Apoc. 9, son como escorpiones bajo el control del ángel del abismo, Apolión. En Apoc. 16:13, los espíritus inmundos eran como ranas.

46. ¿Puede un demonio entrar en una persona que ministra liberación?

Sí, si tiene esa persona una puerta abierta.

47. ¿Qué pasa si uno trata de echar fuera un demonio y no sale?

Hay que averiguar por qué el demonio tiene derecho legal para estar allí, y arreglar la situación. A veces el demonio tiene derecho de estar allí a causa de pecado no confesado, la falta de perdonar, el uso de ídolos o amuletos. Después, se puede echar fuera el demonio.

48. ¿Qué pasa cuando una persona ha recibido a Jesús como Salvador, pero no puede entender la Palabra de Dios, o le da sueño al leerla?

Probablemente tiene un espíritu de sueño (Isa. 29:10) o un espíritu de estupor (Rom. 11:8). Hay que echarlos fuera.

49. ¿Pueden los demonios de un cónyuge incrédulo pasar al cónyuge creyente?

Sí, pueden pasar, pero la persona creyente tiene derecho, como hijo de Dios, a recibir liberación.

50. Algunos dicen que el espíritu de uno que muere

se mantiene flotando en un lugar. ¿Podría ser mas bien un demonio?

El espíritu de la persona que muere vuelve a Dios (Ecl. 12:7). Si hay algún espíritu flotando alrededor, es un demonio.

51. ¿Es peligroso ordenar salir ciertos espíritus de uno, si ese espíritu no está dentro de la persona.

No. Si uno no tiene ese espíritu, nada saldrá.

52. He tenido dos visiones de cosas que posteriormente acontecieron. ¿Es eso de Dios, o necesito liberación?

Puede ser de Dios. Debe ir a su pastor, y juntos en oración pedir el discernimiento de espíritus. Pídale a Dios que quite esta habilidad si es de una causa demoniaca.

53. Cuando una mujer tiene la pelvis demasiado estrecha para un parto normal, ¿puede ser un demonio la causa?

Puede ser sencillamente un defecto físico.

54. ¿Puede un niño pequeño, especialmente uno que llora por todo, recibir liberación?

Si el niño tiene suficiente entendimiento, minístrelo usando su voluntad, como un adulto. Si el niño es demasiado pequeño, cuando esté durmiendo, ordene salir los demonios del lloro en el nombre de Jesús. También poner paños de oración en la funda de su almohada (Hechos 19:11-12).

55. ¿Puede una persona que está viviendo en pecado ministrar liberación?

Sí, porque los dones y el llamamiento de Dios son irrevocables (Rom. 11:29) pero a la vez, puede abrir la puerta para la entrada de los demonios en él, a causa de su pecado.

56. ¿Es necesario ordenar a los demonios identificarse antes de echarlos fuera?

No, pero muchas veces uno sabe su identidad por las manifestaciones que hacen al salir.

57. ¿Por qué la liberación tiene que ser un proceso, si las personas en la Biblia fueron liberadas inmediatamente?

Los personajes bíblicos fueron liberados de los espíritus que se manifestaron al momento, y no sabemos si recibieron más liberación después. Jesús ministraba desde Su perfección y Su santidad. No hemos llegado todavía a este estado. Sin embargo, Pablo en 2 Cor. 1:10 enseña que la liberación es un proceso:

"El cual nos libró, y nos libra, y en Quien esperamos que aún nos librará, de tan gran muerte".

58. ¿Puede un espíritu de íncubo entrar en una mujer si ella rehusa relaciones con su esposo?

No, pero si ella es lujuriosa y quiere el sexo aparte de él. el enemigo podría tentarle con un espíritu de íncubo.

59. Para ministrar liberación ¿no es necesario hablar el idioma de la persona que recibe liberación?

No, pero ayuda poderlo hacer, porque se necesita la cooperación de la persona que recibe la liberación.

60. ¿Puede el alma de una bruja entrar en una persona como entra un demonio? No, el alma no es un espíritu inmundo.

61. ¿Cómo se ministra a una persona que llega a ser violenta y dice que le va a matar?

Atar el poder de ese espíritu en el nombre de Jesús, y echar fuera todos los espíritus de homicidio, violencia, y el espíritu que dijo: "Te mataré"; en el nombre de Jesús.

62. ¿Es necesario usar aceite en la liberación?

No, los demonios son echados fuera en el nombre de Jesús.

63. ¿Pueden existir demonios en objetos?

Sí, muchos objetos han sido dedicados al diablo.

64. ¿Cómo puedo discernir si mis lenguas son del Espíritu Santo?

Siente amor, gozo, y paz cuando ora en lenguas

65. ¿Por qué me duele la cabeza después de la liberación?

Es posible que todavía haya algunos espíritus que necesitan ser echados fuera. También es posible que esté respirando demasiado aprisa, o necesita oración por sanidad. Si tiene duda, ordenar salir al espíritu que está causando el dolor, en el nombre de Jesús.

66. ¿Pueden los demonios entrar cuando uno mira T. V?

Ciertamente que sí.

67. ¿Es bíblica, la práctica de la acupuntura?

"Y no haréis rasguños en vuestro cuerpo...ni imprimiréis en vosotros señal alguna". (Lev. 19:28, 21:5).

68. Cuando hay miembros de la familia en la droga, ¿hay que atar los espíritus a diario?

Que se haga según su fe.

69. ¿Qué precaución debo tomar antes de ayunar por auto-liberación?

Si ha orado y Dios le ha puesto en su corazón ayunar, hacerlo.

70. Si ofrecí a mi hija a una persona muerta o a un santo, necesita liberación?

Sí, ordene salir en el nombre de Jesús el espíritu del santo (nómbrelo) y el espíritu de necromancia.

71. ¿Hay que cerrar los ojos cuando ministro liberación?

Es diferente. Sólo eche fuera los demonios en el nombre de Jesús.

72. ¿Qué es un espíritu inmundo?

Es un espíritu familiarizado con usted o familiar para usted. Por ejemplo, una mujer que se siente sola desea ver a su esposo que ha muerto, entonces el diablo envía un espíritu con la forma y la voz, de su esposo muerto. Ella piensa que es el espíritu de su esposo que ha regresado para consolarla. Pero es un espíritu familiar con ella.

73. Dice en 2 Cor. 5:17, que cuando uno acepta a Jesús en el corazón, nace de nuevo, las cosas viejas pasaron, y es una nueva creación. Entonces, ¿cómo es posible tener un espíritu maligno, si soy una nueva criatura? ¿Cómo puede un creyente tener un demonio?

Cuando uno nace de nuevo, ¿qué es lo que está hecho nuevo? No es su cuerpo, ni su mente. Pablo nos dice en Rom. 12:1-2 que su cuerpo tiene que ser dado en sacrificio vivo, o sea, sepultar la naturaleza vieja. La mente, que es parte del alma, tiene que renovarse. Es su espíritu el que ha nacido de nuevo. Usted puede tener espíritus malos de enfermedad en su cuerpo, y tener su espíritu nacido de nuevo. Su mente puede tener fortalezas que tienen que acabarse (2 Cor. 10:4-5), mientras que su espíritu es nacido de nuevo. Jesús ordenó salir a un espíritu de enfermedad de una mujer creyente, una hija de Abraham. Esta mujer había sido atada por Satanás durante 18 años. (Lucas 13:11-16).